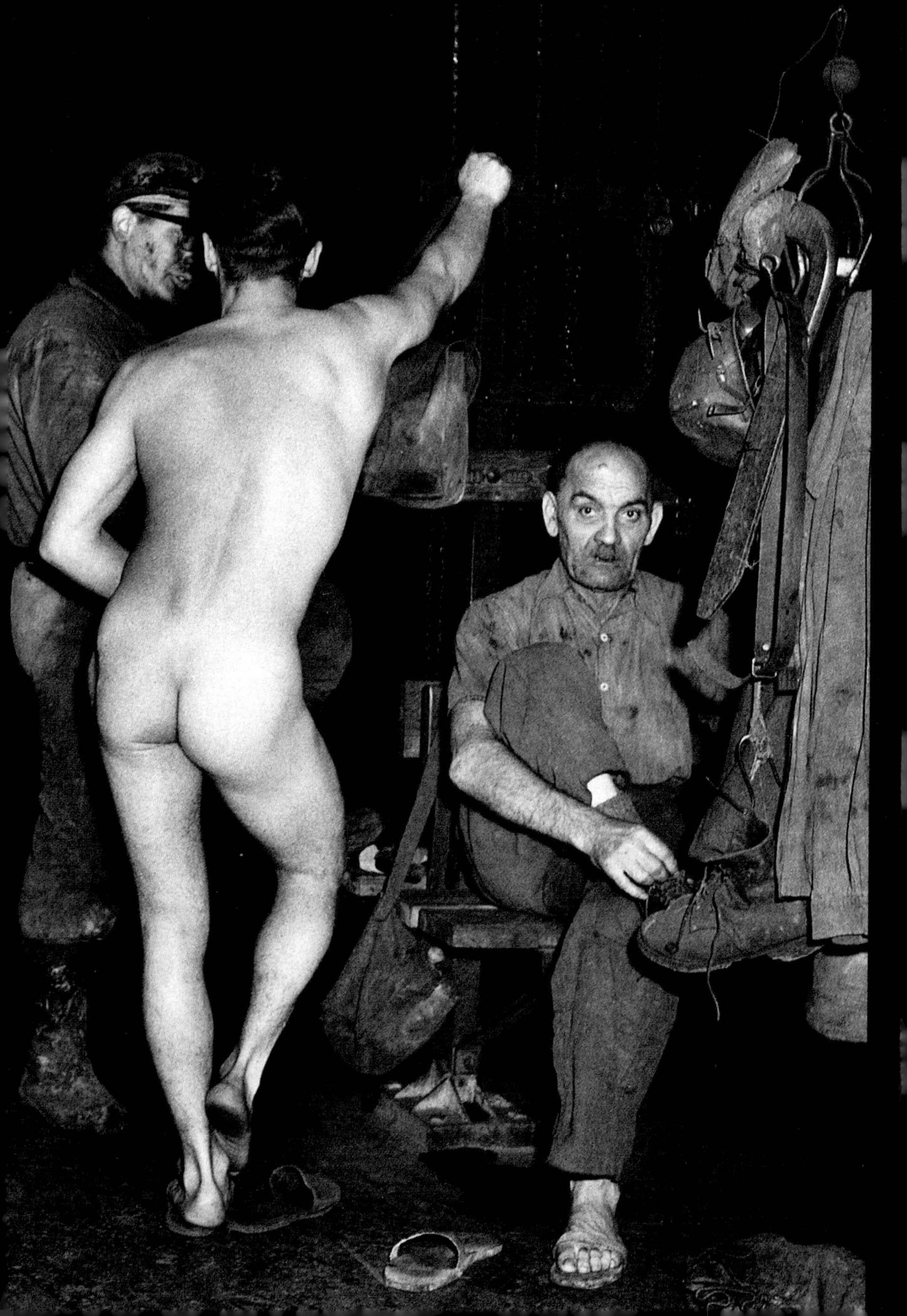

Joël Michel, ancien élève de l'Ecole normale supérieure, est historien. Il a enseigné à l'université de Lille-III et a consacré de multiples travaux à la mine et à l'histoire sociale des grandes régions industrielles européennes, notamment la Ruhr. Il est actuellement analyste des débats parlementaires à l'Assemblée nationale.

Ce livre a été réalisé en collaboration avec le Centre historique minier de Lewarde, qui a bien voulu mettre ses archives photographiques à la disposition de Découvertes Gallimard.

1er Dépôt légal : septembre 1993
Numéro d'édition :67055
Dépôt légal : octobre 1993
ISBN : 2-07-053260-7
Imprimerie Kapp-Lahure-Jombart
Évreux

LA MINE
DÉVOREUSE D'HOMMES

Joël Michel

DÉCOUVERTES GALLIMARD
HISTOIRE

« Sait-on bien ce que c'est que d'exploiter une mine ? Creuser des puits, les soutenir, en repousser sans cesse les eaux, en prévenir l'affaissement, établir des machines, des pompes à feu, joindre enfin au crédit nécessaire pour se procurer des grands capitaux la connaissance d'un art qui exige le secours de presque toutes les sciences. Est-ce là ce qu'on peut attendre des propriétaires isolés ? »

Discours de Mirabeau à l'Assemblée nationale
sur la législation des mines, 21 mars 1791

CHAPITRE PREMIER
À LA DÉCOUVERTE DU CHARBON

Il a fallu des millions d'années pour que le végétal se transforme en minéral. Dans certaines mines se dressent encore les troncs pétrifiés des sigillaires. A droite, la «barrette» du mineur, munie de la lampe à huile traditionnelle.

Dans les monts du Forez, les légionnaires de César se seraient, dit-on, enfui devant des hommes surgis des bois enduits de poussière noire... L'Antiquité ignore le charbon. C'est au Moyen Age que le «charbon de terre» – par analogie avec le charbon de bois universellement répandu – commence à être exploité, là où les veines affleurent.

Dès le XVIe siècle, les bassins anglais prennent leur essor. Le charbon de Newcastle va chauffer Londres et Paris. Des mines, les lourds wagonnets partent directement à la rivière (ci-dessus) par des ornières de bois, puis de métal. Le ruban de fer, le «rail», trouve toute son utilité dans les galeries du fond.

Les premières exploitations

Les mines françaises ne disputent pas à celles de Liège, d'Aix-la-Chapelle ou de Newcastle le privilège d'une ancienneté qui remonterait au XIe siècle. Mais sur le pourtour du Massif central, les «bouches charbonnières» font bientôt l'objet de tractations et de procès. L'exploitation n'est alors qu'un complément de l'activité agricole. Le seigneur en donne la concession contre redevance et, le plus souvent, il suffit aux paysans de gratter leurs terres pour en tirer un profit épisodique.

Aussi, l'abondante législation royale du XVe siècle et la création par Louis XI d'un «grand maître gouverneur des mines» ne concernent-elles en fait que les mines métallifères, qu'on entend bien soumettre à l'impôt. La récolte du charbon de terre est du ressort des carrières plutôt que des mines. Pourtant au XVIe siècle, tous les bassins de faible profondeur sont déjà exploités, et celui de Saint-Etienne sur une vaste étendue. Le chroniqueur Guillaume Paradin s'émerveille de «voir les habitants de ce pays qui en sont tout noircis et parfumés par l'usage qu'ils en font de leur chauffage au lieu de bois».

Un combustible peu apprécié

Que faire en effet du charbon de terre ? Avant le XIXe siècle, l'utilisation en reste malcommode et strictement locale. Il alimente briqueteries, poteries, forges de cloutiers et de verriers, et, à Saint-Etienne, concourt à l'installation des quincailliers et de la Manufacture royale d'armes en 1516. Il remplace aussi le charbon de bois dans les fours à chaux. L'usage domestique est délicat. Les poêles en terre se brisent, propagent des incendies. L'introduction du poêle allemand en faïence sera une amélioration bienvenue.

En outre, les préjugés ont la vie dure. La faculté de médecine de Paris s'interroge doctement sur les dangers de la houille, les paysans ont peur que leur chaux ne devienne noire, partout l'on dénonce les ravages de la fumée. Les grandes villes pourtant, qui consomment des forêts entières, doivent y avoir recours, Paris surtout, qui importe les charbons anglais et belges.

Le handicap des transports

Approvisionner les grandes cités n'est pas une mince affaire. Le seul moyen est la voie d'eau. Du Bourbonnais et du Forez, des «sapines» d'abord faiblement chargées remontent la Loire. A Roanne, où le fleuve permet un plus fort tirant d'eau, on transborde la cargaison de trois bateaux sur deux, à Briare sur un seul puis, par le canal du Loing et la Seine,

Dans la plupart des mines, la difficulté est de transporter le charbon jusqu'à la voie d'eau. Pour le charger sur les tombereaux ou à dos de mulets, il faut de pénibles manipulations (ci-dessous). Le charbon y perd encore de sa qualité. Produit de façon rudimentaire, il s'effrite dans les hottes des herscheuses qui le remontent par les échelles. Parvenu sur le carreau de la mine, ce «menu» s'abîme encore et n'est guère propre qu'au chauffage domestique. Tout l'effort des directeurs de travaux est d'extraire du «gros», ou des «gaillettes», c'est-à-dire de gros morceaux de charbon demandés par l'industrie.

on arrive deux ou trois semaines plus tard à Paris où les sapines, ne pouvant affronter le voyage de retour, sont disloquées et vendues. Les charbons du Gard arrivent à Marseille, mais bien plus chers que le charbon anglais qui vient par mer! Les rivières ont un cours trop lent, ou irrégulier et dangereux. L'été, il ne reste que le transport par route. Quelques voies royales supportent les lourds charrois tirés par des bœufs, mais il faut en général avoir recours aux muletiers, gens turbulents et peu fiables. Du principal centre de production au XVIIIe siècle, Rive-de-Gier, il faut mille cinq cents animaux pour porter au Rhône le charbon à destination de Lyon. Jusqu'au milieu du XIXe siècle, le transport double les coûts et entrave la production à vaste échelle.

Des techniques artisanales

Encore faudrait-il savoir produire. Or malgré la technique déjà au point dans les mines métallifères, la routine ou l'improvisation dominent. Pour tirer quelques sacs de combustible, le paysan multiplie les excavations. Même dans les galeries, les «fendues», on n'étaye pas, et les éboulements mettent souvent fin à l'entreprise. Tout au plus assure-t-on l'exhaure des eaux par des pompes à bras ou des «wargues», sorte de treuils actionnés par un cheval. Dans la charbonnière de Montcenis et Blanzy en 1783, l'inventaire du matériel donne «10 pics, 4 pioches, une pelle, 3 fleurets, 3 paniers ferrés, une benne et une demi-benne, 3 brouettes, 2 traîneaux ferrés, 2 haches, 2 pompes à bras, 98 chandelles, 362 étais en pin».

Le baritel (ci-dessous) ou wargue, tambour en bois qui entraîne un câble, est l'«ancêtre» du chevalement.

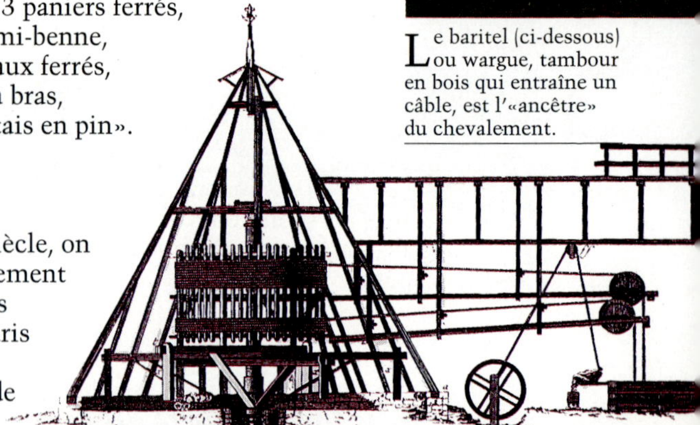

L'intervention du pouvoir royal

Au milieu du XVIIIe siècle, on s'avise que le déboisement a pris des proportions alarmantes et que Paris va vers des hivers glacés. L'arrêt royal de 1744 rappelle après

des siècles de tolérance cette vérité oubliée : le tréfonds appartient au roi, non aux propriétaires de surface. A leur place, de hardis concessionnaires, nobles autant que bourgeois, se voient donc ouvrir la possibilité d'exploiter en grand. On imagine combien ces nouvelles dispositions provoquent de suppliques et de rébellions contre les spoliateurs.

En réalité, l'arrêt est bien mal appliqué ou suscite de vives réticences. A Roche-la-Molière, par exemple, le marquis d'Osmond prend une concession qui ne présente plus qu'«amas d'eau, de terres éboulées, de rochers détachés, une surface criblée de trous géants, hérissée de décombres». Il assèche les travaux par trois galeries de 200 mètres, fait percer des puits

Au XVIIIe siècle encore, un manège de chevaux aux yeux couverts d'un tampon de cuir actionne le treuil pour remonter le charbon, l'eau ou les hommes. Chaque benne, de faible contenance, est laborieusement extraite du puits par une équipe d'ouvriers. Seule la vapeur permettra d'installer des machines à molettes.

verticaux, installe cinq machines à molettes avec des manèges à chevaux, emploie cinquante ouvriers. Mais l'«odieuse concession» est dénoncée dans les cahiers de doléances. Après la résistance passive, les procès sans fin, un vent de rébellion souffle sur les petits propriétaires. Le 24 mars 1769, cinq cents paysans envahissent les mines de Cransac, mettent le feu, se partagent les outils, volent les chevaux. Même climat de violence à Carmaux, à Blanzy. Les plus célèbres victimes en sont les deux principaux concessionnaires, Giral dans le Languedoc et Tubœuf dans le Gard. La Révolution est l'occasion d'un dernier et âpre combat. C'est désormais au nom de l'égalité qu'on dénonce les concessionnaires qui veulent la rompre. La loi de 1791 transfère bien à la nation le droit de propriété royal, mais ne règle pas les problèmes concrets.

Anzin, la première grande compagnie minière

L'exploitation moderne triomphe difficilement de la tradition, mais s'empare d'une terre vierge, le Hainaut français. Coupant la France des charbonnages belges, la consolidation de la frontière par le traité d'Utrecht en 1713 suscite la découverte de la houille à Fresnes, près de Valenciennes, en 1720, par le vicomte Desandrouin et son directeur de recherches Jacques Mathieu, originaires du bassin de Charleroi. Après des décennies de contestations avec les seigneurs hauts justiciers, un compromis aboutit à la formation définitive de la compagnie d'Anzin en 1756. La nouveauté, c'est qu'on exploite les veines profondes : à Anzin, on peut creuser à 200 mètres, grâce à la «pompe à feu» qui assure l'exhaure des eaux et la remontée

Les fosses trapues de la compagnie d'Anzin (à droite, la fosse du Chaufour), restent d'allure modeste. Pourtant, les vingt-sept puits en bois ont coûté 15 millions, chacune des douze pompes à feu 100 000 livres, les galeries et autres machines 8 millions. C'est ce que rappelle Mirabeau, défendant la concession devant l'Assemblée nationale, en 1791. Les mineurs d'Anzin (à gauche) sont les premiers prolétaires.

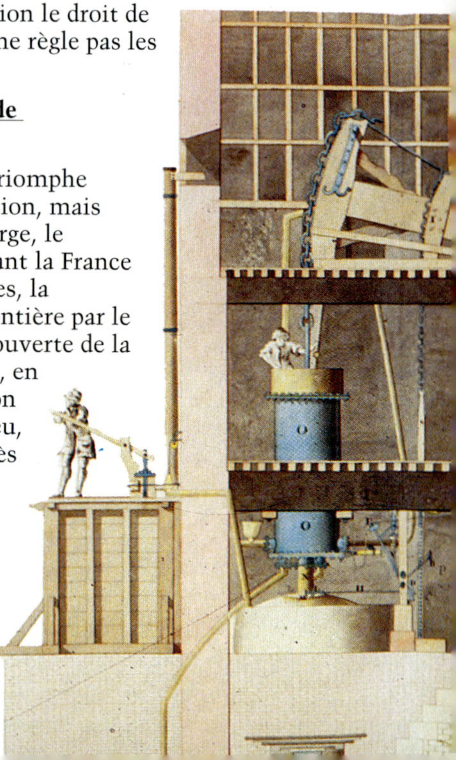

des produits. A la veille de la Révolution, Anzin avec ses 4000 ouvriers assure le tiers de la production française qui est alors d'un million de tonnes. Il faut cependant attendre la stabilisation juridique des concessions par la loi de 1810 pour que les bassins houillers prennent leur essor.

La révolution industrielle

Le charbon, jadis auxiliaire utile de quelques productions locales, devient l'élément indispensable de l'industrie moderne. Il alimente la machine à vapeur, mise au point définitivement vers 1780, qui permet la tranformation complète de l'équipement des mines; il remplace le charbon de bois dans la métallurgie, qui passe à la fonte au coke après 1815 et produit rails et chaudières. Enfin le chemin de fer, après les canaux, diminue le coût du fret et est aussi un client important. La production atteint 5 millions de tonnes en 1845. Mais la véritable révolution charbonnière a lieu de 1840 à 1860. Déjà, avant 1840, la mine

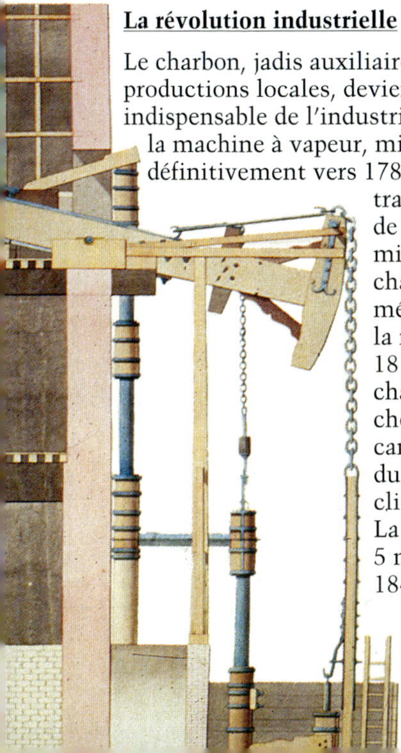

Newcomen a mis au point une pompe pour l'exhaure des eaux, actionnée par la vapeur. En 1769, Watt l'améliore beaucoup par adjonction du cylindre où se meut le piston (au centre).

«Qu'on se figure un immense cylindre, souvent de 3 mètres de diamètre, et d'autant de hauteur. Le piston à vapeur s'y meut avec une lenteur calculée et donne au plus six à huit pulsations par minute. Sa tige est attachée à l'une des extrémités d'un énorme balancier. A l'autre extrémité s'articule la tige des pompes, une lourde poutrelle descendant par son propre poids et remontée par la machine. La ligne des tuyaux, la colonne ainsi qu'on l'appelle, est fixée aux parois du puits. Elle a jusqu'à un demi-mètre et même un mètre de diamètre et s'étend souvent sur 400 à 500 mètres.»

Louis Simonin, *La Vie souterraine*, 1867

s'enfonce : les puits verticaux se généralisent, le pays minier se couvre de chevalements, en bois, puis en briques. La géologie se met désormais au service de l'exploitation, qui procède de façon raisonnée grâce à la multiplication des sondages. Le passage aux travaux souterrains nécessite des prouesses techniques, le cuvelage des puits contre les venues d'eau, l'installation de machines à vapeur qui remplacent la force animale. Avec 483 machines en 1852, les mines mobilisent 12 000 chevaux-vapeur, le quart de la puissance installée en France.

Les travaux du fond sont complètement réorganisés. Le roulage dans les voies se fait désormais sur rails en bois, puis en fonte ; les chevaux remplacent les hommes. Pour la remonte, on substitue les cages guidées aux échelles, les berlines aux tonneaux.

La houille circule toujours sur l'eau, mais désormais sur le canal du Centre, le canal de Givors, le canal du Rhône au Rhin, et surtout le canal de Saint-Quentin ouvert en 1828. Mais ce sont les branchements ferroviaires qui créent un réel marché. La ligne de Saint-Etienne à Lyon est ouverte dès 1825, Montceau est raccordé au PLM en 1857.

Le canal du Centre est un axe vital pour la compagnie de Blanzy, dont on distingue à droite le nouveau siège, entouré d'ateliers. Dans le port de Montceau, au premier plan, on construit les bateaux. Avec 400 péniches, la compagnie est en 1870 la plus grande entreprise française de navigation fluviale. Mais l'industrie ne fait pas une ville de la commune de Montceau, créée en 1856. Derrière la flèche de sa toute nouvelle église néo-romane, la cité ouvrière des Alouettes, étalée à flanc de coteau, forme autour du puits Saint-François un ensemble isolé.

Peu après, la ligne Arras-Hazebrouck deviendra un véritable chemin de fer des houillères. L'enjeu est tel pour les compagnies que celles de La Grand-Combe et de Carmaux consacrent leurs premiers investissements à l'établissement d'une voie ferrée.

Le fleuron du capitalisme

Tout cet effort d'équipement réclame des compétences nouvelles – l'Ecole des mines oriente son enseignement vers la pratique dans les années 1830 – et profite beaucoup de l'expérience des ingénieurs belges. Il nécessite d'énormes capitaux qui se trouvent d'ailleurs aisément. Le capitalisme parisien investit à Carmaux, Blanzy, Decazeville; les Marseillais interviennent dans le Gard, tandis que les Lyonnais s'intéressent à la Loire et que les patrons du textile fournissent dans le Nord-Pas-de-Calais un financement exclusivement local, sauf pour Anzin qui a fait appel dès 1795 à la banque Périer. Illustration du succès : en 1840, sur les cinq plus grandes sociétés françaises, quatre sont des houillères; elles sont dix sur les vingt premières. Une quinzaine de sociétés assurent les deux tiers

Au Creusot (pages suivantes, les puits Saint-Pierre et Saint-Paul), la mine est pénétrée par le chemin de fer, autour duquel s'organisent le «service-jour», assurant l'envoi du charbon, et les magasins, notamment pour le bois consommé en grande quantité. Deux lourds campaniles coiffent ces installations. Pour assurer des fonctions multiples – remonte, exhaure, ventilation –, on a préféré ici construire deux puits jumeaux de moindre diamètre. Rapidement, le second puits se généralisera, mais seulement pour le retour d'air et le sauvetage en cas de catastrophe.

de la production de charbon, employant à elles seules la moitié du personnel.

Partout la concentration est irrésistible. A La Mûre, la famille Giroud réunit la quarantaine de concessions du début du siècle. Dans le bassin de Saint-Etienne, où soixante nouvelles concessions ont été accordées en 1824-1825, deux grandes sociétés se forment à la fin des années 1830 pour fusionner en 1844 dans la Compagnie des Mines de la Loire (l'Empire, qui refuse le monopole, la forcera à se diviser en quatre en 1854). Après la fièvre de recherche de 1835-1839, le Nord est définitivement organisé. Surtout, la demande conduit à une nouvelle «invention», décisive, celle du bassin du Pas-de-Calais, qui prolonge celui du Nord et qui était resté ignoré jusque-là car le gisement change d'orientation au-delà de Douai. La houille est rencontrée à Oignies en 1842. De 1850 à 1855, le bassin est divisé en dix grandes concessions modernes qui s'équipent en un temps record.

L'ascension du Nord-Pas-de-Calais

Vers 1860, les bassins houillers français ont pris leur configuration définitive; la transformation sera moindre au cours du siècle suivant que dans les quelques décennies précédentes. En tête, vient le Nord-Pas-de-Calais, assurant bientôt les deux tiers de la production française, puis la Loire, suivie de loin par Montceau-les-Mines, le Gard, Carmaux,

La recherche de nouveaux gisements est une aventure risquée. Elle engage d'énormes capitaux. La Société de recherche des mines de houille (dont on peut voir ci-contre une action), prospectant la banlieue sud de Lille, ne rencontra que l'échec.

Les gisements profonds du Nord-Pas-de-Calais et de Lorraine prolongent ceux d'Allemagne et de Belgique au contact des plaines et du massif ancien. Au large de ce continent, un archipel de bassins égrène ses îles autour du Massif central. Ils sont exploités – et épuisés – les premiers car le charbon y affleure.

Decazeville, Epinac. Les différences tendent à s'accentuer. Dans les années 1870, le Pas-de-Calais dépasse le Nord, jusqu'à représenter seul la moitié de la production, tandis que la Loire stagne, que les petits bassins s'essoufflent et que le Gard régresse.

Même si le dynamisme des bassins diffère, dans le Centre et le Midi, comme dans le Nord, l'exploitation est complètement renouvelée. Dans la Loire même, la continuité n'est qu'apparente. Les entreprises artisanales ferment par dizaines, le critère de la modernisation étant la diminution du nombre de puits. Le centre de gravité se déplace de Rive-de-Gier vers Saint-Etienne et plus tard vers la vallée de l'Ondaine.

Au-delà des différences géographiques et historiques, la révolution charbonnière a créé un monde homogène, celui du terril, du chevalement et du coron. Est-ce d'ailleurs un paysage industriel? La mine renvoie en surface ses produits, ses déchets et y plante son décor. C'est avant tout ce paysage humain qui signale la présence du charbon.

En 1842, à la recherche d'une nappe d'eau dans le parc de Mme de Clercq à Oignies, l'ingénieur Mulot découvre une veine de charbon. Cinq ans plus tard, la société Soyez fait un sondage plus heureux encore qui confirme l'existence du bassin. Les sondages se multiplient, les capitaux affluent, mais cette fois sans fièvre ni ruée : en une dizaine d'années, l'essor tranquille et sûr du Pas-de-Calais étend le bassin vers l'ouest, jusqu'à Fléchinelle (ci-dessus, inauguration du puits n° 1), à une trentaine de kilomètres de Lens.

Quittant les champs pour la mine, des milliers d'hommes vont affronter le travail souterrain, ses dangers, sa violence quotidienne et ses coups de grisou qui résonnent dans le pays entier. Face à l'épreuve, se forge alors l'image virile et légendaire des «gueules noires», emblème du nouveau prolétariat qui surgit sur la scène sociale.

CHAPITRE II

LES GUEULES NOIRES

«Ma lampe est un soleil, tous mes jours sont des nuits», dit une chanson de mineurs belge. En file serrée, les mineurs gagnent l'entrée de la mine, au pied du chevalement. Farouche cathédrale pour l'étranger, celui-ci est pour eux la «belle de fer».

L'âge d'or du charbon

Le charbon assure 93 % de l'énergie de l'Europe en 1913, ayant détrôné le bois sans être encore inquiété par le pétrole et l'électricité. En France, la production augmente de 50 % tous les dix ans, passant de 4,5 millions de tonnes en 1850 à 41 millions en 1913, mais n'assure que les deux tiers de la consommation. Avec les puits géants de 100 000 puis 300 000 tonnes d'extraction s'étendent les corons. Car la mine est une industrie de main-d'œuvre. Le salaire y compte pour 40 à 60 % du prix de revient. En effet, l'abattage, dont découlent toutes les autres opérations, reste manuel. Comme par ailleurs la production par homme et par jour, de 500 kilos vers 1850, n'est passée qu'à 700 kilos à la fin du siècle – elle aura même tendance ensuite à régresser –, produire signifie embaucher.

La mine dévoreuse d'hommes

La mine avale donc des milliers d'hommes, mais ne les retient pas tous. Pour garder un ouvrier, il faut en embaucher deux ou trois dans les années 1880, quatre ou cinq en 1900. Pourtant, l'effectif s'accroît de plus de 500 % entre 1845 et 1913 ; on compte alors plus de 200 000 mineurs, dont 130 000 dans le Nord-Pas-de-Calais. Cette croissance n'est pas régulière. Un petit bassin comme Carmaux embauche autant en 1876 que dans les quinze années précédentes : il a suffi de l'ouverture d'un puits. Dans le Pas-de-Calais, treize nouveaux puits sont ouverts entre 1874 et 1880, douze autres jusqu'en 1890, seize enfin jusqu'en 1900. Les cités-champignons, d'abord isolées, finissent par se souder peu à peu.

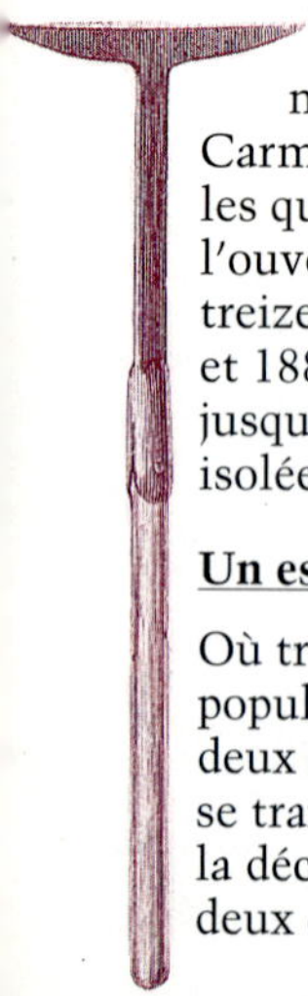

La rivelaine (à gauche), pour entailler le bas du panneau de charbon, la masse (ci-dessous), pour abattre ce bloc dans lequel on a inséré des coins, le pic (à droite, à deux têtes) sont les outils de l'abatteur pendant un siècle.

Un esprit de «frontière»

Où trouver ces centaines d'hommes? La population locale ne saurait suffire. Pendant deux ou trois décennies, les bassins houillers se transforment en Far West. Après la découverte de la houille à Anzin, deux cents familles belges, venues

de Charleroi, s'y établissent. Cette main-d'œuvre compétente est très convoitée. Carmaux fait également appel à des mineurs belges, à l'essai, en 1863. Ils ne s'y plaisent pas. La société se tourne alors vers les Bretons, puis envoie ses agents prospecter l'Allier, recourt encore aux Ariégeois et aux Espagnols qui repartent pour la moisson, essaye d'attirer les Alsaciens-Lorrains expulsés. A la Grand-Combe, on fait venir des Piémontais, des mineurs du Forez, de Saône-et-Loire, enfin, là aussi, des Belges, mais les troubles xénophobes les dispersent en 1848, comme le seront un peu plus tard les quelques centaines de Piémontais

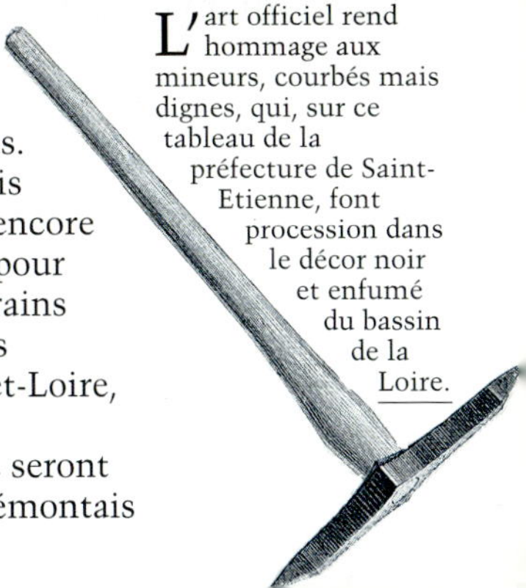

L'art officiel rend hommage aux mineurs, courbés mais dignes, qui, sur ce tableau de la préfecture de Saint-Etienne, font procession dans le décor noir et enfumé du bassin de la Loire.

de La Mûre. Le Massif central offre une main-d'œuvre déjà formée; les mines de la Loire n'ont pas trop de mal à puiser dans leur réservoir traditionnel de l'Ardèche et des monts du Forez. Le Nord, qui compte déjà 10 000 mineurs en 1850, recourt de nouveau aux Belges, complétés par des ruraux que les trains ouvriers amènent du Sud.

Dans le Pas-de-Calais, dont l'essor est le plus spectaculaire, la mine part de rien. Certes la densité rurale est déjà exceptionnelle; les villages vont cependant se trouver entourés par des «camps miniers» puis submergés. Les compagnies font même appel aux enfants de l'Assistance publique de Paris et de l'Oise.

On s'arrache la main-d'œuvre, et les hommes reprennent souvent la route, attirés par de plus hauts salaires. Leur périple se lit dans la constitution des familles : tel mineur du Borinage épouse au passage une fille de la compagnie d'Anzin. Leur premier enfant naît à Denain, le second près de Solesmes,

Dans les années 1880, les mineurs, jusque-là objet de pitié et d'étonnement, deviennent le symbole d'un prolétariat menaçant. Le dessinateur socialiste Steinlen, collaborateur de *L'Assiette au beurre*, en trace un sombre portrait (ci-dessus). Le peuple de la mine quitte le puits en habits de travail pour rejoindre le coron. Un pic luit dans l'ombre. Dans le cortège serré qui se fond en une masse anonyme, on lit sur les visages la fatigue du travail. Image de l'exploitation, mais aussi, dans un regard, d'une immense force collective.

toujours dans le Nord, et les quatre derniers à Hénin-Liétard, où le mineur s'établit en 1872 sur la route de Douai par laquelle il est arrivé, comme la plupart des «Espagnols», surnom que leur donne la population locale.

Discipliner la main-d'œuvre

Pour l'essentiel, il faut mobiliser une population rurale. A Carmaux par exemple, les deux tiers des mineurs étaient propriétaires-exploitants. Leur idéal est de le rester, avec un complément de salaire, d'où un absentéisme prononcé. De la taille de la vigne et de la fenaison aux vendanges et aux semailles, la mine suit le rythme des saisons. La compagnie inculque donc progressivement l'assiduité aux mineurs. Remontant par les échelles, ils partaient à leur fantaisie, mais après 1870, ne pas remettre à l'heure sa lampe de sûreté personnelle, c'est perdre la paye de la journée. Malgré bien des résistances, les postes de huit heures, qui permettaient de faire une deuxième journée aux champs, sont supprimés.

Vers 1880-1890, l'acclimatation est complète. Souvent d'ailleurs elle est facilitée par un encadrement déjà formé : c'est le cas partout

Depuis l'Empire, le carnet ouvrier visé par les autorités municipales et remis aux employeurs successifs sert à contrôler (ci-dessous) une main-d'œuvre encore vagabonde et qui suscite la méfiance.

La mine envahit l'espace rural mais n'empêche pas l'activité agricole de se poursuivre. Ici, aux portes de Lens, elle se dresse au milieu des blés.

dans la Loire, dans le Nord grâce aux Belges, puis dans le Pas-de-Calais grâce aux mineurs du Nord. Au total, la main-d'œuvre minière accepte assez docilement la discipline industrielle. La résistance la plus affirmée vient des rouleurs qui refusent leur remplacement par des chevaux, et dont les compagnies du Nord n'auront raison que tardivement. Nulle part on ne connaît les problèmes qu'a suscités ailleurs la formation du premier prolétariat industriel. Les mineurs se prennent à aimer leur métier.

Une «race minière»

Avec le ralentissement économique, la population se stabilise en une génération, de 1870 à 1890. Le phénomène est souvent masqué par la mobilité apparente des travailleurs, dans le Nord-Pas-de-Calais du moins, car ceux de Saint-Etienne sont beaucoup plus stables. Mais à étudier de près les carnets ouvriers, on s'aperçoit que les changements ne se font que d'un puits au puits voisin. Le mineur, sans être immobile comme le paysan, ne quitte plus ce territoire qui est moins un

« Au moulinache, qué r'mue ménache». A la recette du charbon (à droite), on ne chôme pas : les ouvrières en coiffe réglementaire sortent les wagonnets qui portent chacun la marque d'une équipe, vérifient la qualité de la houille – trop de charbon «sale» et la berline n'est pas payée – puis emmènent les wagons jusqu'aux culbuteurs. Autour du puits et des ateliers des mécaniciens et charpentiers, sur le vaste carreau de la mine vont et viennent charrons, maçons, bourreliers, trieurs de schistes, nettoyeurs (ci-dessous). Le bois, dont la mine fait grande consommation, arrive non équarri.

lieu qu'un milieu, clos sur lui-même, et qui trouve son unité dans l'expérience partagée du travail.

L'isolement, le mystère aussi – que fait donc le mineur qui disparaît dans les entrailles de la terre? – nourrissent les fantasmes d'une «race minière». Des médecins démontrent qu'il y a un équilibre organique entre le milieu et la constitution physique du mineur : «petite taille, jambes arquées, longs bras», et, sur le visage, le «masque de la vie souterraine». Lorsque ce darwinisme expéditif s'estompe, restent les descriptions cliniques sans fard, dont Zola se fait complaisamment l'écho. Le mineur est donc un être à part, au visage noirci comme il se doit, car on ne pense qu'au travailleur souterrain. Or autour du mineur de fond s'organise tout un ensemble humain.

Le fond et le jour

Aux travailleurs du fond s'opposent nettement ceux du carreau de la mine, c'est-à-dire de la surface, qui constituent environ un quart de l'effectif total, et même plus avec la valorisation croissante du charbon. Chauffeurs, mécaniciens, machinistes du «moulinage», c'est-à-dire de la remonte, sont des ouvriers qualifiés. Au criblage du charbon, au service de la voie ferrée, travaillent essentiellement des manœuvres. C'est là qu'on trouve les femmes et les enfants, en nombre restreint à partir des années 1880. Le carreau occupe, outre quelques spécialistes, une main-d'œuvre peu considérée, peu payée, hétérogène :

La descente par la «tonne» (ci-dessous), qui se pratique encore sous le second Empire, expose les hommes aux dangers de l'eau, des éboulis, des chocs contre les parois.

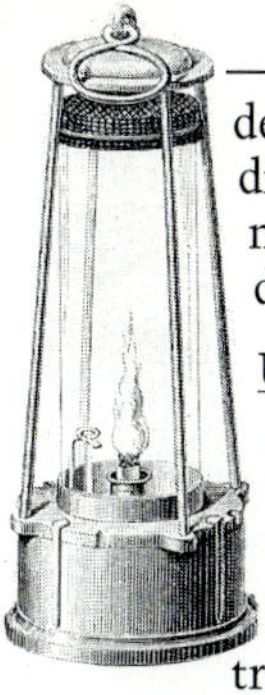

des manœuvres, des vieux qui attendent une difficile retraite, des filles qui attendent le mariage, des garçons qui attendent de descendre au fond...

Un monde hostile et violent

Cette première descente dans la cage bondée est une initiation attendue à la vie adulte, mais aussi une expérience traumatisante. C'est dans une obscurité profonde, à peine trouée par la faible clarté des lampes à huile, puis à benzol, qu'il faut parcourir, parfois une heure durant, les galeries au sol raboteux, au plafond trop bas. L'humidité est partout présente, et à partir de 200 mètres, la chaleur oblige les mineurs à travailler à demi nus. Les énormes ventilateurs extérieurs et le second puits de retour d'air, obligatoire après 1860, ont amélioré l'aération, mais les odeurs de la mine sont prégnantes. Dans la taille, selon l'inclinaison et l'épaisseur des couches – qui parfois ne font guère plus de 70 centimètres –, le mineur rampe, glisse, travaille à genoux, sur le dos, dans des conditions qui délabrent l'organisme et la santé.

Dans les conseils de révision, les mineurs ne font pas plus mauvaise figure que les ouvriers d'industrie. Mais ils sont plus vite usés, même si l'amélioration de leur condition est sensible : au milieu du XIXe siècle, ils cessent leur activité vers quarante ans ; au début du XXe, ils peuvent travailler jusqu'à soixante. Tous souffrent de rhumatismes, d'inflammations, de maladies professionnelles. De plus en plus exposés à la poussière avec l'arrivée des machines, ils «crachent noir». On parle d'asthme des mineurs jusqu'à ce que l'étude de la maladie en Afrique du Sud lance le terme de silicose, en 1915. Beaucoup souffrent du nystagmus, un tremblement des yeux dû à la lumière défectueuse, ou d'ankylostomasie, infection par un ver parasite.

Le danger est partout. L'opinion est frappée par les grandes catastrophes dues

Un coup pour arrêter, deux pour descendre, trois pour monter : les mécaniciens de l'accrochage doivent être vigilants. Chaque «trait» emporte les hommes dans l'obscurité à une vitesse de 10 m/s. Il faut parfois une heure pour descendre tout le poste, d'où les litiges constants sur le temps de présence au fond.

L'ancienne lampe à flamme nue risquait d'enflammer le grisou. Humphry Davy (ci-dessous) a l'idée d'entourer la flamme d'un fin treillis métallique qui absorbe sa chaleur. La lampe Davy, à huile puis à benzine, devient universelle, mais elle éclaire peu. Souvent on utilise un verre surmonté du treillis métallique (en haut).

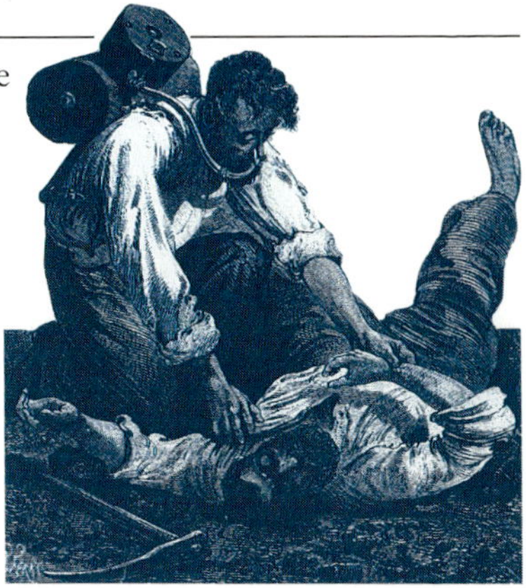

au grisou. Le mineur surveille la flamme de sa lampe qui bleuit et faiblit. C'est dans la compagnie de Courrières, pourtant grand prix international de la sécurité, qu'un coup de grisou fait 1 099 morts en 1906. Cette horreur spectaculaire s'inscrit sur un fond d'horreur quotidienne. La mortalité par accident diminue, mais pour un décès, on compte cent blessures : membre écrasé par un wagon ou par la chute d'un bloc de charbon, tendons ou doigts coupés à la suite de la rupture d'un câble. Inondations et éboulements sont le lot quotidien et ignoré de la mine. A Anzin, qui se vante d'avoir peu d'accidents mortels, en 1909-1911, 20 % des mineurs ont un congé pour accident, un sur dix en gardera une incapacité permanente. La mine est un monde de violence, qui justifie la discipline, qui explique aussi la dureté des hommes, dont le pendant est une solidarité sans phrases devenue légendaire.

Quand la ventilation est insuffisante, un mélange de gaz irrespirables envahit les chantiers. Le mineur isolé dans sa taille risque l'asphyxie. Pour se protéger du «mauvais air», le sauveteur est muni d'un réservoir de cuir ou de métal contenant de l'air pur à forte pression, qu'il aspire par un tube, narines bouchées par une pince.

Les travaux du fond

La production se décompose en quelques opérations simples autour du front de taille, où l'ouvrier à veine, également appelé haveur ou piqueur, abat le charbon. Les bowetteurs ou bouveleurs frayent les voies principales, les boiseurs assurent la sécurité, les

“Un coup de foudre, un ouragan, un cyclone, une trombe, brûlant, renversant, détruisant tout sur leur passage... Un coup de canon chargé à mitraille et tiré à bout portant sur une compagnie; une poudrière prenant feu au milieu d'un corps d'artificiers; un gazomètre éclatant dans une usine...”

Louis Simonin, *La Vie souterraine,* 1867

herscheurs évacuent le charbon. Tous servent l'ouvrier à veine, l'abatteur, le seul qui soit directement productif.

Le parcours professionnel est tout entier tendu vers ce statut envié. Le galibot de treize ans qui descend dans la mine sert d'abord d'aide à un vieux raccommodeur qui l'initie à l'entretien ; il facilite la descente du charbon, ou manœuvre les freins des plans inclinés et les aiguillages des voies. Promu herscheur, il guide les berlines, et se rapproche du front de taille en chargeant le charbon.

Le grisou – hydrogène et carbone – s'enflamme en présence de l'oxygène de l'air si sa concentration excède 5 %. Ci-dessus, le «boute-feu», muni d'une lampe spéciale, en repère la présence. On empêche le grisou de s'accumuler grâce au ventilateur à main. A gauche, une explosion.

C
A
Z Z
M
X
O
U
N
F
S
G
P
Q
Y
R

Dans le labyrinthe

Pour le visiteur, la mine est un labyrinthe. Le mineur a ses propres repères dans le fouillis des galeries, longues de plusieurs kilomètres. Sous la plume du dessinateur, la mine s'ordonne en un ensemble rigoureux. Du puits principal, dont le creusage se poursuit par un puits secondaire, la cage descend jusqu'à la «recette» d'un étage plus ou moins profond. De là partent des galeries principales, les «travers-bancs», parcourues par les rames de berlines, et qui conduisent aux chantiers. Un petit puits de retour d'air est équipé d'échelles de sauvetage.

❝Au long des rails retentit le pas des chevaux. Ils sont dodus. La vie dans l'obscurité les engraisse. Cependant ils travaillent dur et savent le compte de ce qu'ils doivent, leur tarif aux pièces. Quand ils font démarrer la rame de berlines, ils écoutent au tamponnement des véhicules les uns sur les autres combien ils en entraînent.❞

Pierre Hamp,
Gueules noires, 1938

Les chemins du charbon

Le boisage est confié à des spécialistes. Les bois – des résineux qui craquent plutôt que des feuillus qui rompent d'un coup – sont livrés sans préparation et taillés à la dimension voulue, enfoncés dans un trou, le «potia», et calés solidement à la masse. Si dans les galeries le boisage est un ouvrage d'art, dans la taille, laissé aux soins des abatteurs, il est plus sommaire. L'espace de travail y varie de 2 m à 80 cm. Les abatteurs, souvent nus, rampent et glissent. Un abatteur utilise sa rivelaine pour entailler la base de la veine. Son compagnon fore un trou de mine qui permettra de faire ébouler l'ensemble du bloc. Le piqueur envoie le charbon au pelleteur, celui-ci l'expédie dans une cheminée à travers les remblais, un galibot s'assure de la descente jusqu'à la voie, où le rouleur remplit sa berline, qu'il attache au câble d'un plan incliné pour la faire descendre. Il n'est pas rare que la berline déraille : aux rouleurs de la remettre en place. Le charbon remonté au jour passe au triage. Les ouvrières remplissent de pierres leur panier, qu'elles vont vider dans leur case. A la quinzaine, elles seront payées au nombre de cases pleines.

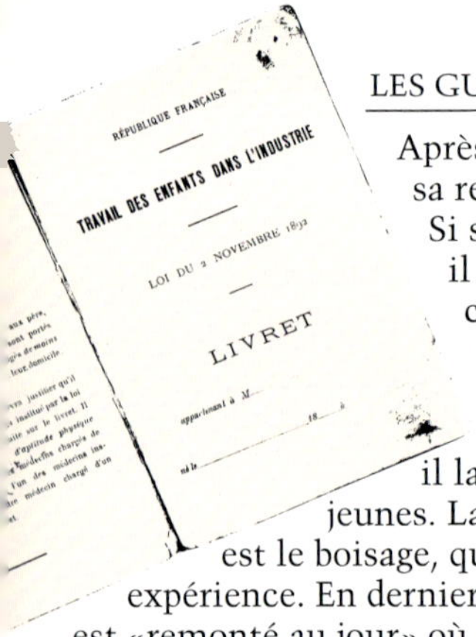
RÉPUBLIQUE FRANÇAISE
TRAVAIL DES ENFANTS DANS L'INDUSTRIE
LOI DU 2 NOVEMBRE 1892
LIVRET

Après le service militaire, il fait sa rentrée en tant qu'abatteur.

Si sa compétence est reconnue, il passera même au rocher, c'est-à-dire à l'ouverture des voies. Dans tous les cas, après une vingtaine d'années au front de taille, il laissera place à de plus jeunes. La voie de sortie honorable est le boisage, qui nécessite une grande expérience. En dernier lieu, le mineur encore apte est «remonté au jour» où il devient lampiste, graisseur, et s'occupe de travaux «à la bricole».

Sous le second Empire, les enfants constituent encore le quart de l'effectif. Grâce aux lois de 1874 et 1892, leur nombre régresse. Bons à tout faire, ils sont souvent rudoyés. Ci-dessous, un galibot apporte de nouvelles lampes, les ouvriers ne pouvant rallumer les leurs, munies d'une fermeture de sécurité.

Une équipe soudée mais hiérarchisée

Ce cycle professionnel est un cycle de vie. Il suit aussi les besoins de la production. Que le charbon s'empile sur les carreaux, et l'on ne recrutera pas de nouveaux abatteurs, malgré l'impatience des herscheurs. Dans les périodes de presse, en revanche, ce sont les herscheurs qui manquent le plus. La compagnie est donc tentée de les laisser à leur poste et d'embaucher des abatteurs «étrangers», ce qui provoque bien des désertions vers les puits voisins.

En réalité, le travail n'est jamais individuel. Les mineurs qui se pressent devant les cages forment une foule anonyme, mais au fond, même dans les puits de plusieurs milliers d'ouvriers, l'organisation du travail repose sur des équipes durables et solidaires. Quelle que soit la méthode de déhouillage, les petites tailles de 2 à 5 mètres sont autant d'entreprises totalement indépendantes et isolées de six à dix hommes. Chaque puits se partage en quartiers de mines, eux-mêmes divisés en chantiers, reliés par un réseau de plusieurs kilomètres de galeries. Il y a plus d'équipes que de tailles, car les travaux de préparation et d'entretien encadrent l'abattage.

Deux ou trois postes de travail se succèdent donc selon les bassins, dans un va-et-vient permanent. La mine ne dort jamais totalement.

L'abatteur-roi

L'équipe ou la «société» qui prend en charge un chantier vit au même rythme pendant plusieurs mois, partageant les repas, la promiscuité – il n'y a pas de latrines au fond –, la paye et les dangers. Elle est d'autant plus soudée que, dans la mesure du possible, les jeunes s'intègrent à l'équipe du père, d'un frère ou d'un voisin. Elle a un chef, respecté de tous, qui indique la marche générale du travail et négocie

Vers 9 ou 10 heures, l'équipe du matin fait «briquet», c'est-à-dire mange sa double tartine beurrée arrosée de café léger. S'il reste des miettes dans la musette, ce sera le «pain d'alouettes» que se partagent les enfants. Pendant la pause, on parle de la veine, du syndicat, on échange des gauloiseries… ou l'on se tait.

le prix de taille avec le porion. Les abatteurs s'imposent par leur rayonnement physique et leur autorité morale. Ils constituent aussi le groupe le plus important au fond, d'un tiers de la main-d'œuvre dans la Loire à la moitié dans le Nord.

Faute de mécanisation, le travail de l'abatteur reste en quelque sorte artisanal. La généralisation de l'air comprimé après 1870 puis de l'électricité après 1900 ne modifie guère l'extraction. Si les locomotives puis les couloirs oscillants transforment le métier de herscheur, ni la haveuse mécanique ni le marteau piqueur ne s'imposent encore : les outils de l'abatteur demeurent la rivelaine et le pic. Les seuls progrès sont le forage à air comprimé et non plus manuel, et l'utilisation de la poudre puis de la dynamite. L'abatteur reste à bon droit fier de son savoir-faire même si sa qualification n'est pas utilisable ailleurs : en dehors de la mine, il n'est rien. Seul son milieu le reconnaît à sa juste valeur, ce qui renforce encore la cohésion du groupe.

Dans la mine, «tout le monde gueule» : l'ingénieur sur le porion, le porion sur l'ouvrier et celui-ci sur le galibot. Dans sa fosse, l'ingénieur est seul maître après Dieu – l'actionnaire. Issu de l'Ecole des mines de Paris, de l'école des Mineurs de Saint-Etienne, souvent aussi de celle de Mons en Belgique, c'est un grand technicien. Chaque jour, il revêt la tenue du mineur pour descendre inspecter le fond (à gauche). Il y décide de la progression de l'exploitation (ci-dessus en conférence) et règle les problèmes graves, fort de ses compétences en géologie. Si une veine s'interrompt à cause d'une faille, à lui de la retrouver. Les relations de travail quotidiennes sont laissées aux porions. Mais en cas d'accident, l'ingénieur paye de sa personne à la tête de ses hommes.

L'autonomie dans le travail

Dans les chantiers dispersés, le contremaître ne peut être présent comme à l'usine. Le porion fait sa tournée et donne ses ordres, mais l'équipe reste libre de son rythme, et prend seule la plupart des décisions qu'imposent à tout moment les caprices de la veine. A Anzin, pour une fosse moyenne par exemple, on compte un surveillant pour trente à soixante hommes. Dans l'obscurité, on reconnaît à sa lampe ou à son pas le porion qui arrive. En général, il ne surveille minutieusement que l'emploi des explosifs et l'état du boisage. Mais cet encadrement, de moins en moins issu du rang, peut faire montre d'un caporalisme brutal. C'est en effet le porion qui fixe le prix de taille et pèse donc à sa guise sur le

salaire, source de contestation sans fin puisque chaque taille présente des conditions différentes. Surtout, il jouit d'un pouvoir discrétionnaire. Jamais un renvoi ou une sanction qu'il a prononcés ne sont remis en cause, même si l'ouvrier lésé va trouver «Monsieur l'ingénieur». Celui-ci reste un personnage lointain; ses opinions et son mode de vie sont d'ailleurs étroitement surveillés. Très respecté des ouvriers, il exerce parfois une sorte de patronage laïc sur la communauté, et a la lourde charge d'incarner seul le pouvoir des actionnaires invisibles.

Le salaire au rendement est l'objet d'âpres négociations. «Aux fortes têtes les mauvais quartiers, aux mouchards le bel ouvrage.» Au début d'un chantier, le porion estime la difficulté de la veine et fixe son prix. Le chef d'équipe suit avec attention cette opération qui engage le salaire pour plusieurs mois.

Propriété de la compagnie, le coron consacre la dépendance du mineur. La vie des familles s'y organise, au rythme des descentes à la fosse, autour des femmes qui tiennent la maison. Mais c'est aussi dans le coron que mûrit la révolte germée au fond de la mine.

CHAPITRE III

LE PEUPLE DES CORONS

Par milliers, les déracinés des campagnes de Flandre et de Picardie sont venus peupler les corons du Pas-de-Calais. Leurs enfants en feront autant de villages soudés par une même histoire de travail, de lutte et de vie intensément partagée, tant que la mine rythmera le quotidien.

De la vision amusée de Simonin, qui, découvrant la cité des Alouettes à Montceau a le sentiment de «se trouver dans un village de Peaux-Rouges», à l'apitoiement de Jaurès devant la solitude des familles ouvrières du Pas-de-Calais «comme perdues dans une forêt profonde», le pays noir suscite chez ceux qui l'abordent le même sentiment d'étrangeté, voire d'exotisme : les députés radicaux se taillent un succès en promenant «leurs» mineurs grévistes dans le Paris des années 1880 et, parmi les troupes envoyées à Lens pendant la grève de 1906, il se trouve des paysans pour s'étonner que les «gueules noires» n'aient pas... la peau noire!

Construites à l'horizontale, les cités minières n'ont pas la densité de la ville, et ignorent ses équipements, ses centres nerveux, son mouvement et sa diversité. Avec leurs rues tirées au cordeau où le même type de maison se répète par dizaines, les corons donnent parfois l'impression d'une caserne émiettée.

Ardouin-Dumazet, auteur de guides régionaux célèbres, conclut même sérieusement que «la population a des mœurs rappelant un peu celles du peuple japonais»! Dans le pays noir, la mine a chassé toute autre industrie, isolé les hommes et étendu son emprise sur tous les aspects de leur vie.

Les cités du pays noir

D'abord, les compagnies logent leurs ouvriers : un sur deux en moyenne dans le Nord-Pas-de-Calais, parfois jusqu'à 80 %. Dès 1820, Anzin construit des barres de 100 mètres de long. Bientôt on préfère les groupes de maisons adossées, puis les pavillons. Toutes les cités ne sont pas aussi oppressantes que celles de Béthune, pourvues de grilles qu'on ferme en temps de grève. Mais les mornes alignements qui débouchent sur une campagne nue vivent dans la grisaille. La brique rouge du

Après les corons de maisons jointives et basses, délaissées dès le second Empire, les compagnies minières construisent des blocs de logements séparés abritant tantôt quatre, tantôt deux ménages. Chaque maison possède son jardin potager. Les cités, généralement de quelques dizaines de logements, rarement de quelques centaines – une seule dépasse les mille, dans le Pas-de-Calais –, sont posées au hasard de l'implantation des puits, sans aucun dessin urbain.

Nord perd vite son éclat et à Rive-de-Gier, dit-on, on ne peut cueillir une rose sans se salir les mains. Les maisons des mines valent pourtant mieux que les masures paysannes et les taudis urbains; la mortalité infantile y est beaucoup moins élevée. Les mineurs pressent les compagnies d'en construire toujours plus. Celles-ci ne peuvent guère se dérober : malgré les trains ouvriers, les campagnes se tarissent.

La compagnie de La Grand-Combe est exemplaire : ayant construit en dix ans dix-huit groupes de casernes qui logent 4 000 habitants, elle obtient en 1846 la création d'une commune à condition de prendre à sa charge l'infrastructure – église, temple protestant, écoles des Frères de la doctrine chrétienne, et une caserne en plein centre pour la brigade de gendarmerie. C'est elle qui distribue l'eau potable, construit des ponts sur le Gardon, installe des magasins et un hôpital. Montceau ou La Taladière se créent aussi autour de la mine. Souvent les seuls bâtiments importants sont les «grands bureaux» ou le «château de l'administration». Avec 3 000 logements de la compagnie sur 3 800 maisons, Bruay-en-Artois est un assemblage de corons plus qu'une ville.

Plus indifférent qu'irréligieux, le mineur deviendra vite anticlérical. Un curé du Pas-de-Calais écrit en 1877 : «Matérialisé par son genre de travail et par l'abus des liqueurs alcooliques, conçu deux fois dans le péché originel par l'état de demi-ébriété du père et de la mère au moment de l'acte conjugal, [le mineur] dit que le Paradis c'est la vie des ingénieurs, le Purgatoire celle des maîtres porions et porions, l'Enfer celle de l'ouvrier» (Y.-M. Hilaire, *Une chrétienté au XIXe siècle*). Après les années 1880, le clergé perd toute indépendance à l'égard des compagnies, qui prennent en charge les paroisses et disent même leur mot sur les nominations.

Un paternalisme anonyme

Un tel cadre favoriserait mieux le contrôle social si les relations humaines étaient maintenues. En 1908, Henri de Resseville, gérant des mines de La Mûre, qui ramène son épouse de voyage de noces la fait entrer dans toutes les maisons. C'est l'exception. A la vérité, le paternalisme minier est un paternalisme anonyme. Il assure les besoins fondamentaux par ses coopératives et ses caisses de prévoyance, que le mineur, d'ailleurs, considère comme

un dû. Mais rares sont les compagnies qui, à l'instar de Lens, investissent beaucoup dans les écoles ménagères et les sociétés d'horticulture, dans le but avoué d'éloigner le mineur du cabaret et du syndicat. Faute de projet social, reste la répression. Des gardes redoutés font respecter dans les cités la propreté et l'ordre : il est difficile de s'y abonner au journal socialiste. Le curé a son mot à dire. Beaucoup de compagnies n'embauchent pas sans certificat de première communion, ni ne donnent de maison sans mariage religieux.

Une conscience corporatiste

Le paternalisme des compagnies aggrave les tensions sociales plus qu'il ne les prévient. Ainsi à Montceau, les Chagot, au cléricalisme outrancier, dressent contre eux toute la population, au point qu'après la grève de 1899 la compagnie renouvelle sa direction et devient une société anonyme. Du moins le patronat réussit-il à isoler les mineurs du prolétariat

Il convient d'éviter aux mineurs le sort de l'ouvrier des faubourgs (ci-dessus, l'Ecole ménagère de Lens).

« L'ouvrier qui aurait eu la chance d'avoir comme femme une bonne ménagère rentrerait volontiers avec elle et ses enfants qui seraient par ses soins bien tenus et sages et il trouverait chez lui un confort beaucoup plus grand. [...] Le lendemain il partirait joyeux à son travail. »

R. Delcourt, *De la condition des ouvriers mineurs dans le Pas-de-Calais*, 1906

industriel. A un journaliste parisien lui demandant depuis combien de temps il est ouvrier, un mineur répond au début du siècle : «Je n'ai jamais été ouvrier, j'ai été herscheur cinq ans et maintenant je tape à la veine.» Là où ils sont en contact, mineurs et métallurgistes s'entendent mal, mineurs et verriers s'ignorent. A Saint-Etienne, en 1899, 50 000 passementiers et 20 000 mineurs sont en grève générale. Organisés le même jour, leurs cortèges s'évitent et, dans les mêmes salles, on se succède pour ne pas faire réunion commune.

Femmes et filles de mineurs

Le monde minier vit donc sur lui-même, étroitement soudé. Il l'est d'autant plus que le mineur épouse une fille de mineur, et que les enfants emboîtent le pas au père. La famille fonctionne comme une unité

Le mineur se décrasse parfois sommairement dans un cabaret près de la mine, mais prend son bain chez lui, après avoir mangé. La femme aide parfois son mari – c'est l'heure où l'on plante les enfants... Le bain représente toutefois une lourde corvée, car il faut aller chercher l'eau à la fontaine, pas toujours proche. Avant 1914, certaines compagnies installent des bains-douches, que les mineurs répugnent à utiliser.

économique. Fils et filles rapportent leur paye avant de se mettre en ménage. Au coron, l'emploi du temps des femmes est bien rempli. Jour après jour, avant cinq heures, la mère s'occupe du déjeuner du père abatteur qui prend le poste du matin, souvent avec le fils aîné. Il faut ensuite préparer les plus jeunes pour l'école. Après quelques heures de répit, les travailleurs du matin rentrent prendre leur repas et leur bain. La mère prépare ensuite le briquet qu'emportera un autre fils au poste de l'après-midi. Après les retours de l'école le va-et-vient s'interrompt, jusqu'à ce que le cadet rentre, mange, se lave. La maison n'est calme que vers minuit. Au milieu de cette noria de bassines d'eau chaude et de soupe aux poireaux, il faut faire les lessives – lundi –, le ménage – mardi –, cuire le pain – jeudi–, selon les usages communautaires des femmes de la cité. Dans ces conditions, les changements de postes perturbent la vie familiale et les femmes préfèrent de loin celui du matin, qui en outre rapporte plus.

Chacune doit donc servir «ses hommes», qui lui remettent d'ailleurs leur quinzaine sans discuter, et subit les contraintes de leur travail. Exclues de la mine dont elles entendent parler chaque jour, les femmes ont cependant leurs réseaux, leurs lieux de réunion, la fontaine, le four communautaire, et surtout le café entre voisines à l'heure calme de la matinée.

En dehors de la coopérative, elles se cantonnent au voisinage

La lessive des vêtements, les «loques ed'fosse», est un dur travail. Pendant longtemps, ceux des porions et des ingénieurs sont lavés par la mine. Dans chaque jardin ouvrier, un tonneau recueille les eaux de pluie, jugées meilleures pour la «buée». La femme de mineur a la réputation de tenir proprement son intérieur – mais aussi l'extérieur de sa maison : elle doit commencer sa journée par le rituel nettoyage du «ruisseau», le caniveau du coron. Malheur à celle qui se lève tard et gâche l'ouvrage de la voisine. Le garde y mettra bon ordre.

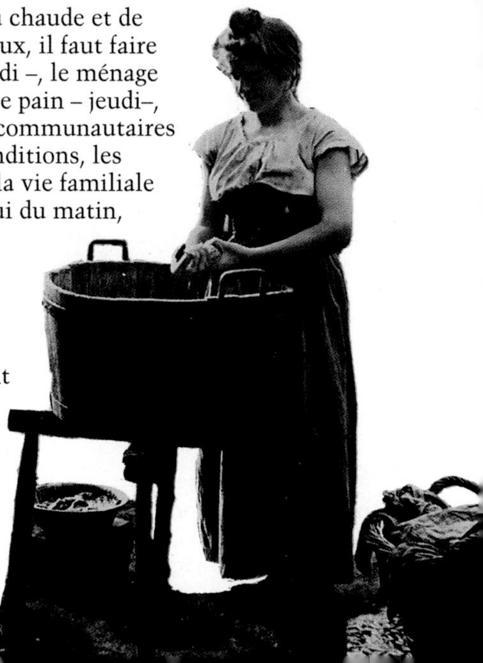

immédiat. Les hommes ont d'autres territoires. Si le mineur n'est pas dans son jardin ou devant sa porte accroupi sur les talons, c'est à tel coin de rue, à côté de tel pigeonnier, qu'il va retrouver ses copains – plus souvent encore il les rejoint dans son café favori – pour fumer la pipe et ressasser sa journée, car le mineur parle avant tout de son travail.

Le jardin et le cabaret

Le pays noir n'est pas la ville et la campagne reste toujours présente. Presque tous les mineurs ont un grand jardin qui fait leur fierté, beaucoup louent à la compagnie des lopins supplémentaires, élèvent poules et lapins, ou encore le cochon. Les traditions rurales survivent d'autant mieux que l'espace ne manque pas pour pratiquer le jeu de crosse, les quilles, les concours d'arbalète, pour construire les pigeonniers dont les bassins houillers ont presque l'exclusivité.

Chacune de ces activités a ses sociétés qui forment un réseau extrêmement dense : en 1900, Bruay-en-Artois, pour 11 500 habitants, en compte deux cents, dont beaucoup de fanfares, qui sont de toutes les festivités. La grande fête corporative est la Sainte-Barbe, début décembre, pour laquelle le mineur a fait «longue coupe» augmentant d'autant sa quinzaine. Ducasses et bals se succèdent de coron en coron.

La musique est l'art dans lequel les mineurs excellent. Leurs chorales gagnent des prix internationaux. «La Musique des mines» (ci-dessus) est de toute les cérémonies. Souvent présidée par l'ingénieur, elle reproduit un peu trop la hiérarchie, et des «Fanfares républicaines» ne tardent pas à lui faire concurrence.

Eleveurs de pinsons, «coulonneux» prêts à payer très cher un pigeon, «coqueleux», les mineurs sont des amateurs et des joueurs passionnés (à gauche). Chez les vieux coqs, les «capons» qui ne sont plus bons à se battre, les plumes forment une paire d'oreilles blanches autour de la crête – d'où le surnom de «blanques oreilles» donné aux mouchards des compagnies dans le Nord !

La jeunesse du pays noir peut aller danser, jouer au javelot un dimanche sur deux. Elle se passionne aussi au début du siècle pour la boxe, le cyclisme et surtout le football, auxquels elle donne des champions prestigieux.

Cette vie sociale s'organise naturellement autour des cabarets, innombrables à l'entrée des fosses et dans chaque coron. A la remonte, le mineur vide une ou deux pintes pour nettoyer la poussière. Peut-être y retournera-t-il après le jardinage pour jouer aux cartes ou aux fléchettes. Le dimanche et les jours de quinzaine, la bière coule à flots. Les estaminets sont tenus par des veuves, mais aussi par des congédiés, ou par la famille du délégué-mineur tout-puissant. C'est le seul lieu qui échappe à l'emprise du patronat, et le porion n'y entre guère. C'est là que peuvent se tenir les réunions de propagande, que s'expriment les rancœurs et bien souvent que naissent les grèves.

Dans les estaminets on vide des chopes. Sainte Barbe, jeune fille en fuite engloutie par la terre, est fêtée par les mineurs le 4 décembre.

GERMINAL

Germinal : la faim, l'émeute, et le printemps. Le combat des mineurs d'Anzin inspire une imagerie encore communarde.

La lutte du travail et du capital

En rassemblant sa documentation sur ce thème, Zola pensa tout de suite à la mine pour mettre en scène la lutte du prolétariat contre la puissance anonyme du capital. *Germinal*, qui paraît en feuilleton à la fin de 1884, c'est bien sûr Anzin, où au printemps une grève de cinquante-cinq jours a tenu la France en haleine et où la guerre sociale a pris une portée symbolique : d'un côté, l'entreprise géante, qui a compté

Il n'est pas rare qu'au jour de paye, une centaine d'ouvriers viennent manifester à la porte du bureau de l'ingénieur ou chez le directeur contre la faiblesse du salaire à la tâche ou l'arbitraire d'un porion. Exceptionnellement la foule peut se faire menaçante (ci-contre). En général, l'insatisfaction donnera lieu à une grève locale.

Thiers parmi ses administrateurs, avec à sa tête le duc d'Audiffret-Pasquier et Casimir-Perier ; de l'autre, un prolétariat qui, depuis les années 1830, a mené bien des luttes, comme celle de 1846 où les jeunes filles se couchaient sur les voies pour empêcher le départ du charbon, dans un bassin occupé par 4 000 soldats. Alors que la Chambre des députés vote la loi sur la liberté syndicale, c'est sur le terrain que le prolétariat doit conquérir le droit de s'organiser.

La compagnie, qui se sent bafouée par ses ouvriers, et est vivement concurrencée par ses rivales du Pas-de-Calais, engage de façon délibérée une lutte à mort. Brutalement, elle généralise le marchandage, c'est-à-dire l'attribution des tailles aux enchères à l'équipe qui offre le prix le plus bas, et renvoie 330 boiseurs. La grève, d'abord partielle, prend son essor le 23 février – le jour même où Zola arrive dans le bassin –, lorsque, malgré un accord à la préfecture, la compagnie renvoie par provocation 140 ouvriers. Dès lors les militants s'épuisent en un combat fiévreux, soutenus par l'acharnement des femmes. La victoire de la compagnie est à la mesure de l'enjeu. Elle se sépare de 2 000 ouvriers, le coût de la main-d'œuvre baisse d'un tiers, le rendement augmente de moitié, le syndicalisme est écrasé pour vingt ans.

Zola a accumulé les épisodes les plus noirs – la troupe tire, un coup de grisou éclate, un puits s'effondre, comme à Marles en 1866 – et *Germinal* magnifie la lutte sociale. Mais les mineurs ne sont

L'ingénieur doit se faire respecter. S'il est injuste, il concentre la haine populaire. A Decazeville, les mineurs supportent mal la morgue de l'ingénieur Watrin, «le Prussien» (en fait un Lorrain). On le soupçonne d'avoir proposé à la compagnie de réduire les salaires et d'avoir obtenu un pourcentage sur cette économie. Le 26 janvier 1886, 2 000 mineurs exaspérés par leur faible paye le lynchent à son domicile (à droite).

pas anarchistes, jamais ils ne s'attaqueront aux machines et à la mine qu'ils aiment. Les grèves font cependant des victimes. Après les six morts de la fusillade de Saint-Etienne en 1846, la troupe tire sur la foule venue délivrer quarante grévistes qu'on emmène en prison, le 10 juin 1869, à La Ricamarie, et laisse quatorze morts derrière elle. La violence ouvrière éclate également : en 1886 à Decazeville, l'ingénieur Watrin est défenestré; en 1887 à Bessèges, un ingénieur est «dynamité», en écho aux attentats de la Bande noire à Montceau quelques années auparavant; en mars 1892 à Carmaux, la maison du directeur est pillée puis démolie…

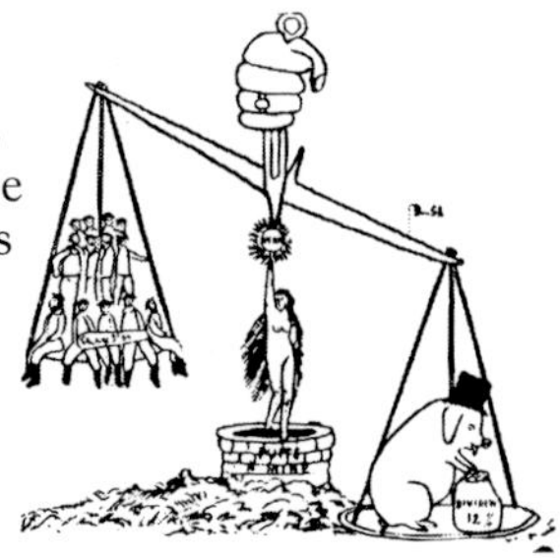

Ce qu'il faut de malheureux pour engraisser un actionnaire !

Une guerre de mouvement

Ces conflits sanglants illustrent surtout les années 1880. Jusqu'à la guerre de 1914, un gréviste sur cinq est pourtant un mineur, et, certaines années, un sur deux. Et si les provocations comme celle d'Anzin

LA DÉPÊCHE

JOURNAL QUOTIDIEN DE LA RÉGION DU NORD

LES ABONNEMENTS & ANNONCES SONT REÇUS :

RÉDACTION & ADMINISTRATION

LILLE, 77, RUE NATIONALE, 77, LILLE

ABONNEMENTS, PAYABLES D'AVANCE

LES GRÈVES DES MINEURS

Diminution dans le Pas-de-Calais. Augmentation dans le Nord

deviennent vaines, les victimes ouvrières se comptent encore par centaines : 800 congédiés dans le Pas-de-Calais en 1893, 1 200 dans le Gard après la grève d'avril 1897, près de 300 de nouveau en 1902, 1 200 licenciés à Montceau en 1901 après la capitulation ouvrière au terme de cent huit jours de grève...

Pourtant, la guerre sociale devient une guerre de mouvement, menée par des stratèges aguerris, plutôt qu'un affrontement mortel. Désormais, les grands conflits tiennent compte de la marche des affaires. C'est lorsque les carreaux des fosses se vident de leurs stocks ou lors des mouvements dans les bassins voisins qu'on agit. Si les porions signalent un zèle anormal, c'est que les mineurs épargnent en vue d'une grève. Elle a toutes chances d'avoir lieu à l'automne, quand les mineurs ont rentré leurs pommes de terre et qu'ils pourront travailler à l'arrachage des betteraves. La grève durera au plus six semaines – soit trois payes. Dans tous les cas, elle cessera avant la quinzaine de la Sainte-Barbe début décembre.

Au départ une étincelle suffit. Après la paye du samedi, les esprits s'échauffent dans un de ces «mauvais puits», où sont concentrées les fortes têtes dont on ne veut plus ailleurs. Le lundi l'ingénieur constate qu'il n'y a personne à la descente. A partir de ces citadelles, la grève gagne de fosse en fosse.

Les escouades de grévistes à bicyclette parcourent le bassin pour porter la bonne parole ou aller «prendre» des puits autour desquels la gendarmerie, vite relayée par la troupe, établit de véritables cordons sanitaires. Autres centres nerveux, les gares :

Les mineurs ne sont pas tentés par la grève générale révolutionnaire. Mais ils caressent l'idée d'une grève nationale de la corporation. Les tentatives de 1900 à 1902 échouent pourtant, mettant en lumière le faible degré de solidarité entre bassins. Les grèves se déroulent avec un certain décalage entre le Pas-de-Calais, qui donne le signal, et le Nord, qui suit avec retard. La coordination avec les bassins du Centre n'est guère possible, et même écartée par les syndicats de Lens et d'Anzin, peu soucieux de conforter la fédération nationale qui s'appuie avant tout sur Montceau et Saint-Etienne.

il faut encercler les trains ouvriers, convaincre les camarades qui viennent de la campagne, surveiller l'arrivée des soldats. L'essentiel se joue la nuit avant la descente du poste d'abattage vers 4 heures 30. C'est alors que les patrouilles de quinze à trente hommes parcourent les corons, s'en prenant vertement aux «rouffions» qui pourraient être tentés de travailler, déjouant la vigilance de l'armée et des ingénieurs qui circulent aussi escortés des porions. Chaque jour, le syndicat, parfois les compagnies, publient leurs communiqués victorieux.

Les journées se passent en réunions continuelles – 1000 dans le Pas-de-Calais pendant la grève de 1906 ! – animées par quatre ou cinq orateurs infatigables. Les salles de bal étant trop petites pour accueillir les centaines, voire les milliers d'auditeurs, les réunions ont souvent lieu en plein air. Des cortèges importants, qui chantent autant *La Marseillaise* que *L'Internationale* et les chansons de grève,

Au début du siècle, l'impatience devant la prudence du syndicat entraîne la création de «jeunes syndicats» rivaux. La catastrophe de Courrières, en mars 1906, leur donne une emprise éphémère sur les mineurs révoltés. La bourgeoisie, apeurée par la propagande de la CGT pour un 1er Mai révolutionnaire, frissonne devant les désordres de Lens et de Liévin. 21 000 hommes de troupe sont envoyés dans le bassin et Clemenceau, ministre de l'Intérieur, fait bien vite arrêter les meneurs (ci-dessous).

vont accueillir l'orateur à la gare; on défile dans la concession, on nargue la troupe ébahie par l'aspect carnavalesque et débridé de ces défilés.

Dans ses débuts, la grève est un immense soulagement. La communauté soudée mène la vie dure aux rouffions, conspués par les femmes, promenés avec des pancartes «Vive la grève!» Si le conflit dure, la gêne s'installe et un morne silence s'abat sur les corons, à moins que l'exaspération ne conduise à la violence.

En 1899, les mineurs de Montceau-les-Mines, silencieux depuis le début des années 1880, se révoltent contre un patronat très autoritaire et contre la tyrannie de la police des mines. Pendant près d'un mois, malgré la présence de l'armée, ils malmènent les mouchards, qui doivent quitter le pays. Le syndicat se constitue. Contre son avis s'engage en 1901 une nouvelle grève qui dure près de quatre mois. Des souscriptions sont lancées dans tout le pays (Steinlen, dans *L'Assiette au beurre*, représente la caisse de grève du syndicat, avec cette légende : «Et le citoyen ministre, il n'envoie rien? – Si, 3 000 hommes de troupe!»). Les orateurs socialistes sont accueillis avec reconnaissance, notamment Maxence Roldes, dont beaucoup d'enfants nés à Montceau à cette époque portent le prénom. Mais malgré les soupes populaires (ci-contre), les mineurs sont vaincus par la misère. Des milliers de familles quitteront le pays. Le patronat s'appuie dès lors sur un syndicat «jaune» contre le syndicat «rouge» (insigne page suivante).

Contrairement à celui d'Anzin en 1884, le soulèvement de Montceau en 1901 est, malgré son échec, une véritable libération morale (ci-contre).

En 1900, un mineur est élu député et les mairies sont conquises par les socialistes. En 1906, le président du syndicat, ainsi que le secrétaire et le trésorier sont respectivement député-maire de Lens, Liévin et Bruay. Et les mineurs se pressent devant l'hôtel de ville de Lens pour connaître les résultats des négociations avec les patrons (page suivante).

Les mineurs et les porions se promènent armés de gourdins, les ingénieurs de pistolets. On fait peu usage des armes, mais, la nuit, la dynamite secoue les maisons des «jaunes». Les mineurs ne s'attaquent guère aux bureaux et aux «châteaux», d'ailleurs bien gardés. Ils méprisent la gendarmerie locale, mais craignent les soldats, et surtout les charges de dragons. Il est rare que les émeutes dégénèrent, comme en 1906 à Liévin, soumise à une véritable guerre de siège avec barricades.

La grève se termine presque toujours par des rentrées progressives. Le syndicat, qui prend en charge le mouvement si celui-ci s'avère viable, a dans la majorité des cas négocié un accord. On ne saura que plus tard si c'est une bonne affaire. Aussi, la plupart du temps, l'amertume subsiste. Entre deux grands mouvements, se poursuit une véritable guérilla. Il suffit d'une amende, d'une vexation du porion, pour qu'une taille «remonte ses outils». Les jeunes, sans charge de famille, sont les plus turbulents. Il n'est pas rare que leurs aînés, gênés dans leur travail, ou les délégués du syndicat, escortés de solides mères de familles, les ramènent à la raison. Si de plus en plus l'affrontement fait place à la négociation, la grève reste pourtant endémique dans les bassins, mais mal aimée des syndicats.

Les succès syndicaux

Dans la grève, les syndicats jouent leur existence. Mais dès 1891 ils parviennent à faire signer au patronat les «conventions d'Arras» qui règlent le salaire sur une base minimum par bassin, et resteront le seul exemple du genre juqu'en 1936. Les chefs syndicaux n'ont dès lors qu'un credo, la conciliation : «Il y a en présence deux puissances ennemies, dit l'un d'eux, dont le choc est inévitable : le capital et le travail. Les patrons ne peuvent plus résoudre les difficultés par la famine, par les balles du fusil Nobel et les charges de cavalerie, c'est dans les salons de l'hôtel de l'Univers à Arras que la collision a lieu».

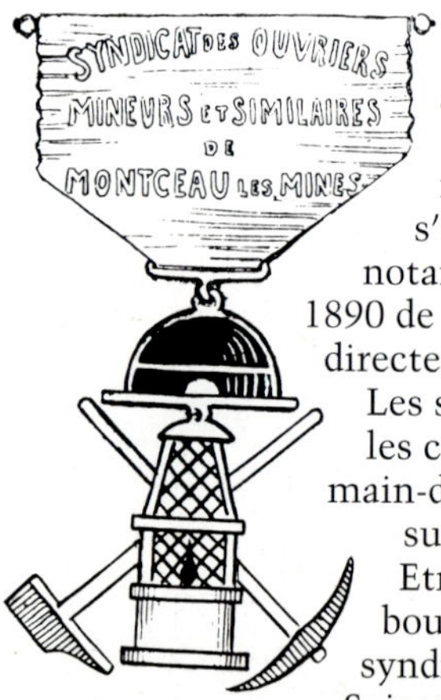

Le syndicalisme minier, malgré la répression patronale, s'est implanté solidement, notamment grâce à l'institution en 1890 de délégués à la sécurité élus directement par les ouvriers du fond. Les syndicats, qui regroupent selon les cas le tiers ou la moitié de la main-d'œuvre, exercent leur autorité sur toute la communauté. Etroitement corporatistes, ils boudent la CGT, anarcho-syndicaliste. Il n'y a pas de Grand Soir pour les mineurs.

Peu à peu les grèves sont conçues comme une menace pour appuyer la négociation. Elles s'adressent même souvent à l'Etat. Fervents républicains plus que socialistes, les mineurs élisent députés leurs chefs syndicaux, fort bien en cour auprès des radicaux, et pour eux seuls la République se fait sociale : retraites ouvrières dès 1894, journée de huit heures sont des conquêtes qu'ils ne partagent pas avec d'autres. Soumis à un travail pénible et dangereux mais mieux payés et sûrs de leur valeur, de leurs droits et de leur force, les mineurs sont fiers de ce qu'ils ont accompli. A la veille de la guerre, ils vivent dans la certitude d'un avenir meilleur.

Après la Première Guerre mondiale, les certitudes d'une prospérité sans faille, les méthodes de travail et la cohésion du monde minier sont remises en cause. La mine reste fidèle à ses traditions, mais le malaise s'installe et les tensions sociales s'exaspèrent.

CHAPITRE IV

DU CORPORATISME À LA LUTTE DE CLASSE

Avec la reconstruction, la mine entre définitivement dans le monde industriel. Les combats se font plus âpres. Les mineurs, soldats du travail, inscrivent dans leurs rendications la nationalisation des compagnies.

Le pays minier dévasté par la guerre

Dès l'automne 1914, les Allemands occupent Lens. Ce n'est que le 3 octobre 1918 que les Britanniques pénétreront dans la ville, entièrement détruite. Pendant quatre longues années, le principal bassin houiller français est traversé par le front ; les duels d'artillerie rasent les cités et les installations de surface. L'occupant procède aussi à une dévastation systématique, déporte la population, démonte tout ce qui peut être envoyé en Allemagne, fait sauter les puits du Pas-de-Calais par peur des communications souterraines, puis s'acharne sur ceux du Nord lors de sa retraite. A la fin des hostilités, la moitié des logements ouvriers sont détruits, les chevalements sont engloutis dans des entonnoirs de 30 mètres de diamètre, il n'y a plus de chemin de fer, l'eau a envahi les travaux.

La France en guerre a pourtant besoin de charbon. Dans l'extrême ouest du Pas-de-Calais non occupé, les mineurs travaillent d'arrache-pied sous les obus. Dans les bassins du Centre et du Sud, dont une bonne partie de la main-d'œuvre est au front, on exploite sans respecter la sécurité, sans souci de l'avenir : les dégâts en surface se multiplient, le lycée de Saint-Etienne est ainsi gravement endommagé. L'atmosphère sociale se transforme également.

« Lens devint la ville pulvérisée [...] Les survivants revenus à l'armistice [...] avaient vu des catastrophes des mines, des galeries effondrées, mais jamais un spectacle pareil à celui de cette destruction ne leur aurait paru possible. [...] Sous ce désastre visible, il y avait celui, invisible, des puits effondrés, des galeries noyées, de la mine morte sous la ville broyée. »

Pierre Hamp,
Gueules noires

Des milliers de mineurs du Nord venus travailler dans la Loire et à Montceau importent leurs traditions d'organisation; ils mèneront souvent les grandes grèves de 1919. Les mines de la Loire, épuisées par la surexploitation, encombrées d'entreprises marginales surgies dans l'urgence, ne retrouveront l'équilibre qu'à la nationalisation, en 1946.

Le temps de la reconstruction

Dans le Nord-Pas-de-Calais, la reconstruction s'effectue avec une rapidité surprenante, dans l'union sacrée de toute la population. Le dénoyage n'est terminé qu'en 1927 mais deux ans auparavant, le bassin a retrouvé

Dès son installation, l'armée allemande s'est fournie en bois de mines, rails, matériels pour ses besoins militaires et a détruit tout ce qui pouvait avoir un intérêt stratégique. Dans la zone des tranchées, qui passaient dans les faubourgs de Lens (ci-contre), c'est l'artillerie alliée qui causa les pires dégâts. Dans l'est du Pas-de-Calais, déclaré «zone rouge», on déterrera pendant des dizaines d'années des obus et des fragments de métal. Les mines de Lens, avant guerre à la pointe du progrès technique, sont les plus atteintes (à gauche). Mais aucune partie du bassin n'est épargnée. Dans le Valenciennois, pourtant loin du front, les Allemands se sont acharnés au chalumeau sur les installations (ci-dessus).

sa production de 1913. Sa physionomie a changé. Les machines neuves sont plus puissantes, et autour des chevalements en métal, se multiplient lavoirs, fours à coke et installations carbochimiques. Les corons détruits ont fait place aux cités pavillonnaires qui donnent au bassin son aspect définitif. Près de 80 000 logements, soit 30 000 de plus qu'avant guerre, abritent désormais trois mineurs sur quatre.

Le retour de la Lorraine

En Lorraine, l'exploitation charbonnière a commencé avant l'annexion de 1870, mais le gisement est très grisouteux, poussiéreux, le combat contre l'eau permanent. C'est après 1900 que la société allemande Sarre et Moselle surmonte ces difficultés en investissant d'énormes capitaux. La Lorraine est un bassin neuf, où les veines sont de bien meilleure qualité qu'en France, et le rendement le double de celui des bassins du Centre et du Sud.

Après la guerre, les compagnies minières du Nord se partagent Sarre et Moselle, et les sidérurgistes français le reste du bassin. L'expansion se poursuit. A côté des zones anciennes de Petite-Rosselle et Merlebach, Faulquemont ne sera pas mis en exploitation avant 1936.

Les compagnies minières mènent depuis la fin du XIXe siècle une politique de diversification de leurs produits pour ne plus vendre seulement du charbon «cru». Quelques sociétés métallurgiques ont pris des intérêts dans le Nord-Pas-de-Calais, même s'il n'existe pas de combinat de l'industrie lourde. Reconstruction aidant, les mines développent la production de coke (ci-dessus, des fours à coke), valorisent les dérivés de la houille et du goudron et construisent des centrales thermiques. A côté des fosses s'étendent désormais de vastes usines carbochimiques.

La population se stabilise difficilement. Les compagnies manifestent un paternalisme actif, logeant la moitié des mineurs, et aussi un autoritarisme inégalé. Les luttes sociales, souvent conduites par les Allemands encore sur place, sont très brutales. De 17 000 en 1913, le nombre de mineurs passera à 31 500 en 1924 et le recrutement est composite. Une catégorie originale de mineurs-paysans conserve son mode de vie. Les Français restent minoritaires, malgré la politique de francisation menée pendant la crise. Les Sarrois sont peu à peu renvoyés, et pour les remplacer on recourt aux Polonais comme dans tous les bassins français.

La «petite Pologne»

La population minière est affaiblie, ou dispersée; la France manque de bras pour se reconstruire. La Pologne renaissante en a trop

Dans le bassin du Nord-Pas-de-Calais, la plupart des puits en service avant guerre ont été remis en usage, mais on en a abandonné une vingtaine – sur plus de deux cents – afin de concentrer l'extraction. Chaque siège groupe désormais ordinairement deux, souvent trois puits dont un d'aération. On peut ainsi séparer la descente du personnel et la remontée des produits. Les nouveaux chevalements en acier (ci-dessous à Lens), remarquables ouvrages d'art, dominent plus fièrement que jamais le pays noir reconquis.

qu'elle ne peut occuper. Les deux Etats signent en 1919 un accord officiel sur l'émigration. Sur place, les compagnies houillères font la sélection et organisent les convois. Le tri se fait en gare de Toul, d'où les paysans polonais, avec un écriteau autour du cou, sont acheminés vers Merlebach ou vers Courrières, ne découvrant leur destination qu'à la fin du voyage. Ils y sont rejoints par les Polonais de la Ruhr, les «Westphaliens», mineurs expérimentés, qui arrivent avec leurs meubles et leur réputation. Si l'on fait aussi appel à des

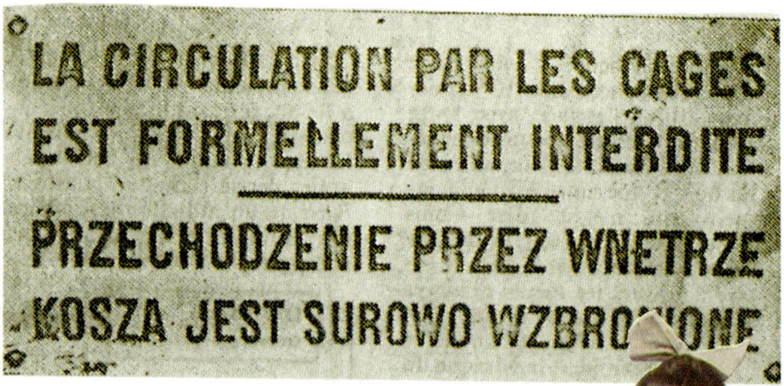

Tchèques, à des Hongrois et à des Italiens, les Polonais forment une écrasante majorité : ils sont 500 000 en France en 1931, dont 80 000 mineurs dans le Nord-Pas-de-Calais, avec 30 000 familles.

Dans plusieurs communes, ils forment la majorité de la population, et partout des blocs soudés de natifs d'un même village galicien ou d'un coron de Bochum. Ces «petites Pologne» conservent sans peine leur mode de vie et leurs traditions autour du culte «de Dieu et de la Patrie», par exemple lors du pèlerinage à la Vierge de Cestochowa transféré à Notre-Dame-de-Lorette. Les Westphaliens, quant à eux, ont amené leurs journaux et leurs organisations. La communauté a pour chefs naturels

Il n'est pas difficile de mettre au travail les «Westphaliens». Ils considèrent même avec condescendance ou mépris le retard technique des mines françaises par rapport à celles de la Ruhr. Ils servent d'encadrement à leurs compatriotes polonais auxquels il faut tout apprendre de la mine. On constitue aussi des équipes mixtes d'un Français et de deux Polonais. Mais l'accident guette ces recrues novices qui ne comprennent pas le français. Les principales interdictions sont traduites (ci-contre).

L'immigration organisée présente au moins pour les Polonais l'avantage de pouvoir faire venir leur famille. Les compagnies ont construit à leur intention des corons tout neufs, non des casernes pour célibataires. Les femmes y restent confinées, sous la houlette vigilante de leurs prêtres. Beaucoup d'entre elles n'apprendront jamais le français. Elles sont l'âme d'une famille souvent nombreuse (au centre) et entretiennent jalousement le souvenir du pays (ci-dessus, un concours de broderie), mais n'hésitent pas à se louer pour les plus dures besognes agricoles. Pendant toute l'entre-deux-guerres, les mariages mixtes sont très rares. Les enfants fréquentent les Sokols, sociétés de gymnastique patriotiques, et des classes polonaises, mais dans le cadre de l'école française. Dans la cour ils sont parfois traités de «Boches» ou de «Polaks», et apprennent le patois local. Il leur est pratiquement impossible d'échapper à la mine, sauf à mettre en jeu l'emploi du père. Beaucoup deviendront pourtant des étoiles du football national.

les quelques dizaines de prêtres envoyés par l'épiscopat polonais et pour lesquels on a bâti des églises, et pour notables les commerçants-interprètes et les cent dix instituteurs venus du pays et payés par les compagnies. Celles-ci, comme d'ailleurs l'ambassade polonaise, font tout pour soutenir le particularisme d'une population à laquelle l'intégration n'apparaît ni nécessaire ni souhaitable. Les mineurs français ne peuvent les aimer. Ils leur font grief de leur catholicisme voyant, de leur «charabia», de leurs femmes qui travaillent comme des hommes, de leurs dépenses vestimentaires et surtout de leur attitude à la mine où, travaillant dur sans protester, ils

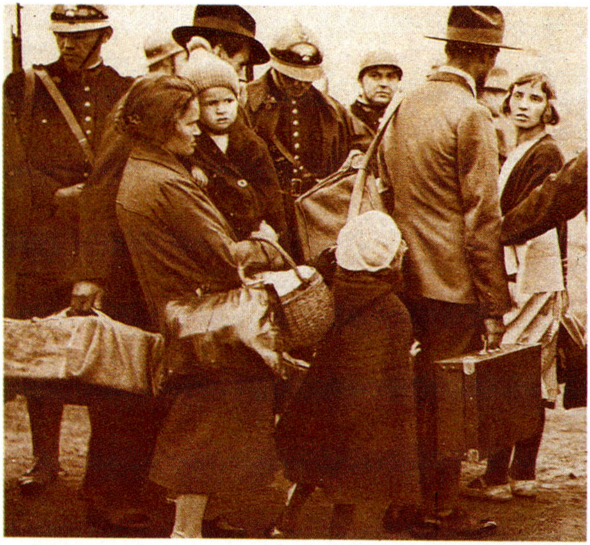

gagnent, dit-on, plus que les Français et ne sont pas assez solidaires face aux porions. Les Polonais sont pourtant les premières victimes de la crise : lorsqu'il faut licencier, on met parfois dans un train un coron entier qui doit déménager en quarante-huit heures et laisser sur place ses maigres biens. Ceux qui restent se rapprochent des Français à l'occasion du Front populaire, mais gardent l'espoir de rentrer au pays.

"Les voitures de troisième abritaient des centaines d'ouvriers polonais congédiés [...]. Tout un peuple enfoncé dans les mauvais songes et qui regagnait sa misère [...]. Ils me semblaient avoir perdu qualité humaine [...], arrachés à la petite maison du Nord, au minuscule jardin, aux trois pots de géranium que j'avais remarqués autrefois à la fenêtre des mineurs polonais. Ils n'avaient rassemblé que les ustensiles de cuisine, les couvertures et les rideaux, dans des paquets mal ficelés et crevés de hernies. Mais tout ce qu'ils avaient caressé ou charmé, ce qu'ils avaient réussi à apprivoiser en quatre ou cinq années de séjour en France, le chat, le chien et le géranium, ils avaient dû les sacrifier."

A. de Saint-Exupéry, *Terre des hommes*, 1939

La rationalisation du travail

Acceptant mal la journée de huit heures – soit six heures trente de travail effectif en raison des trajets souterrains – et confrontées à la concurrence internationale, les compagnies contre-attaquent. La mécanisation ne touche guère que le transport. On généralise les couloirs oscillants pour l'évacuation des produits; les locomotives, de plus en plus, remplacent les chevaux. On préfère rationaliser le travail, à l'imitation de la Ruhr, bouleversant l'organisation en vigueur depuis le milieu du XIXe siècle.

D'abord les abatteurs troquent le pic contre le marteau piqueur, utilisé pour un tiers de la

production en 1924, pour les deux tiers en 1927 et pour la quasi-totalité dix ans plus tard. Mais ce qui les touche le plus, c'est la concentration des travaux du fond et la réduction du nombre de tailles, de moitié par exemple dans le Nord de 1931 à 1932. Sur un chantier où travaillent désormais cinquante à soixante personnes, le bruit des marteaux piqueurs s'ajoutant à celui des couloirs oscillants devient infernal; leur système d'échappement d'air produit beaucoup plus de poussière que le pic, alors qu'on n'arrose pas encore le charbon. Avant tout, la petite équipe qui faisait tous les travaux d'une taille et s'organisait comme bon lui semblait est disloquée. L'ouvrier devient plus anomyme et doit obéir à la cadence générale comme sur une chaîne, d'autant que la maîtrise plus nombreuse, plus proche,

est plus efficace. Le couronnement de la rationalisation est le système Bedaux : on chronomètre les différentes opérations pour leur affecter un certain nombre de points (un point mesure la quantité de travail qu'un homme en bonne santé accomplit en une minute) et on paye les points effectués. Ceux qui ne donnent pas satisfaction sont fréquemment déclassés. La déshumanisation du travail bouleverse donc les hiérarchies, la qualification, et la valeur que le mineur lui donnait.

Une crise d'autorité

Le changement de système donne lieu à de nombreux incidents avec la maîtrise. Le communisme progresse au détriment d'un syndicalisme traditionnel qui s'accroche aux conventions collectives. Mais dès 1927, la hausse du rendement permet de licencier. Les huit heures ne sont plus qu'un souvenir, puis

La semaine de 40 heures dans les mines

Les mineurs veilleront à sa stricte application

la crise crée un rapport de forces très défavorable. Dans le Nord-Pas-de-Calais, de 190 000 en 1927, l'effectif descend à 140 000 en 1935, et le chômage partiel se généralise. Divisés, étouffés par le regain du paternalisme, les mineurs ne peuvent que courber la tête et ravaler leur rancœur.

1936, comme partout, libère les frustrations accumulées. La grève dans les mines est courte. Mais la base manifeste désormais sa confiance aux communistes, qui ont remporté en 1935 les élections des délégués-mineurs, plus importantes ici que les élections politiques. Pour la première fois, ouvriers de la surface et Polonais entrent en masse dans la CGT. Bien qu'ayant souffert dans les années précédentes, les mineurs sont moins sensibles que les autres ouvriers aux améliorations matérielles. Ils obtiennent leur revanche avec l'abolition du chronométrage,

« C'était comme dans un champ de bataille, on entendait *vrrrr* toute la journée, le vieux mineur avec son pic, il était mieux loti [marteau piqueur page précédente]. L'ouvrier qui mangeait sa tartine vomissait le charbon avec le pain. Huit heures comme ça, ce n'est pas étonnant que, parmi les piqueurs, il y ait eu tant de silicosés. »

Louis Lengrand, *Mineur du Nord*, 1974

Avant même les élections de 1936, les syndicats du Nord-Pas-de-Calais menacent de lancer une grève générale illimitée au 1er Mai si on ne rétablit pas la dignité du travailleur. Ils n'obtiennent alors que des compensations salariales. Ce premier recul des compagnies a certainement contribué au succès du Front populaire (à gauche, mineurs en grève).

le rétablissement d'un seul billet de paye pour toute l'équipe et la semaine de trente-huit heures quarante au fond. Les porions subissent de plein fouet la crise d'autorité, les ouvriers déclarant ouvertement : «On va vous en faire baver.» Les incidents sont si nombreux que le syndicat lance des rappels à l'ordre, effectivement rétabli par le patronat, après l'échec de la grève générale du 30 juin 1938 qui consacre la chute du Front populaire. Anzin licencie 800 ouvriers, les heures supplémentaires sont imposées partout. Les mineurs sont ramenés à leur situation d'avant 1936, mais l'esprit corporatiste a cédé le pas à la lutte de classe. Quelque chose s'est fêlé dans le monde minier.

Une crise d'identité

Cette fêlure, c'est aussi la remise en cause de l'identité d'un monde traditionnel et isolé. Les mineurs ont conscience de leurs acquis sociaux : allocations familiales depuis la guerre, six jours de congés payés dès 1930, accès aux soins médicaux gratuits, retraite à cinquante-cinq ans ou après trente ans de travail. Mais cette fois c'est leur fierté professionnelle qui est atteinte : on leur a volé un savoir-faire. Le malaise s'installe. Certes, dans la plupart des cas, le jeune qui sort de l'école continue à être présenté par son père aux bureaux de la

Dans l'enthousiasme de l'été 1936 (à droite, une occupation de puits), les mineurs adhèrent en masse à la CGT. Le taux de syndicalisation approche 100 % à la fin de l'année. La CFTC n'a guère droit de cité qu'en Lorraine. Ses adhérents subissent des pressions, de même que les quelques non-syndiqués. Il n'est pas rare que les ouvriers exigent leur mutation ou refusent de descendre avec eux. Pour l'augmentation des salaires, les réintégrations et la levée des amendes, une agitation endémique persiste pendant toute l'année 1937. La CGT (ci-dessous, l'organe syndical des mineurs) s'épuise à y mettre bon ordre, au prix de tensions internes.

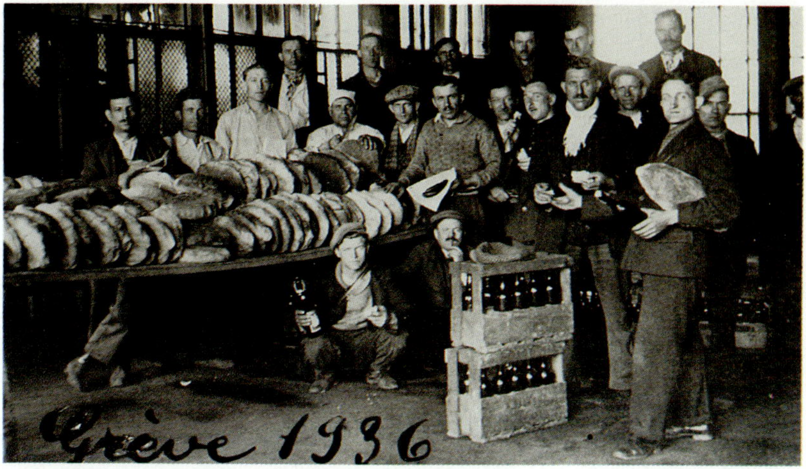

compagnie où on inscrit le «fils Untel» pour la descente du lendemain. Mais pour la première fois on se dit qu'on a tort d'envoyer le fils rejoindre «ceux qui ne sont bons qu'à aller à la fosse», et le mineur en vient à penser qu'il fait le «dernier des métiers». Toute une population doute d'elle-même, perd sa foi en l'avenir. Si sa cohésion reste intacte, c'est dorénavant en raison d'une commune inquiétude face à ce qu'elle considère comme une nouvelle injustice à son égard.

❝Je t'adresse, j'adresse à nos camarades ouvriers l'appel le plus ardent pour que le rendement soit garanti et amélioré, pour que la discipline nécessaire aux chantiers soit assurée. […] Il faut que les ingénieurs ordonnent, que les porions surveillent, que les ouvriers travaillent efficacement, à pleine force. Sans cela, la vie de la nation est menacée. Cela serait-il possible sans un régime d'extrême rigueur?❞

Lettre de Paul Ramadier, ministre des Travaux publics, à Pierre Vigne, secrétaire de la Fédération du sous-sol, le 29 juillet 1937

LES USINES DORMENT
LES FRANCAIS CHÔMENT
ils attendent
du CHARBON
"CHARBON"

« Je ne doute pas qu'à l'appel pressant qui leur est fait une nouvelle fois, les mineurs répondent : Présent ! Les mineurs savent qu'ils ont entre leurs mains l'avenir de la nation, inséparable de l'avenir de la classe ouvrière. » *(Vifs applaudissements.)*

Auguste Lecœur,
sous-secrétaire d'Etat à la Production industrielle,
devant les délégués-mineurs, le 3 février 1946

CHAPITRE V
DERNIERS COMBATS

« De même que les pires malheurs ne peuvent nous désespérer – n'est-ce pas, Béthune? –, notre dure situation présente ne nous décourage nullement – n'est-ce pas Béthune? » lance le général de Gaulle aux mineurs en août 1945, en concluant : « Au travail! » L'appel de la France en manque de charbon s'étale à la porte des estaminets, sur les murs des fosses et retentit dans les réunions.

Elan national et revanche sociale

Après la défaite de 1940, les compagnies minières reviennent sur ce qui reste des conventions collectives, avant même de subir la tutelle exigeante des autorités allemandes. Elles entreprennent de restaurer «le goût du travail et de la discipline». Chronométrage et paiement individuel sont rétablis, les porions se vengent de l'humiliation subie en 1936-1937 et ont beau jeu de rappeler à ceux qui résistent qu'«ils peuvent aller travailler en Allemagne». C'est dans ce climat que les mineurs du Nord-Pas-de-Calais cessent le travail du 27 mai au 9 juin 1941. «Grève patriotique» exaltée par les communistes qui en assument l'organisation, elle mobilise en fait 100 000 mineurs, autant pour des revendications matérielles que par sentiment anti-allemand. Cette grève, dans laquelle les femmes se distinguent particulièrement, est traitée comme un acte de guerre. L'armée allemande se charge elle-même de la briser, mais commissariats et sociétés houillères se mettent à son service et lui fournissent les listes des meneurs. Sur 400 mineurs arrêtés, 270 sont déportés.

Pour les mineurs, il est clair désormais que les compagnies collaborent avec l'ennemi, et la lutte sociale se confond avec la lutte nationale. A Saint-Etienne, dans le Gard, les grèves du printemps 1942 et de l'automne 1943 qui donnent lieu à des arrestations massives dressent de la même façon toute la population contre Vichy.

Durant l'Occupation, les Allemands créent une carte d'identité spéciale afin d'empêcher les mineurs du Nord-Pas-de-Calais de quitter leur entreprise. En 1943, le STO fournira une partie du recrutement (ci-dessous).

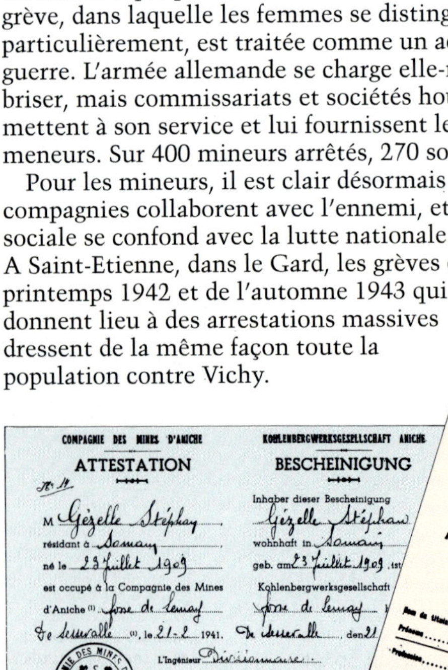

COMPAGNIE DES MINES D'ANICHE — KOHLENBERGWERKSGESELLSCHAFT ANICHE

ATTESTATION — BESCHEINIGUNG

N° 14

M Gézelle Stéphan — Inhaber dieser Bescheinigung Gézelle Stéphan

résidant à Somain — wohnhaft in Somain

né le 23 Juillet 1909 — geb. am 23 Juillet 1909 ist

est occupé à la Compagnie des Mines d'Aniche (1) fosse de Lemay — Kohlenbergwerksgesellschaft fosse de Lemay

De Sessevalle (1), le 21-2-1941. — De Sessevalle, den 21

L'Ingénieur Divisionnaire

COMPAGNIE DES MINES D'ANICHE (NORD)

(1) Indiquer le lieu de travail (Fosse ou Etablissement) — Imp. Landoux - Aniche - 1-41 - 14000

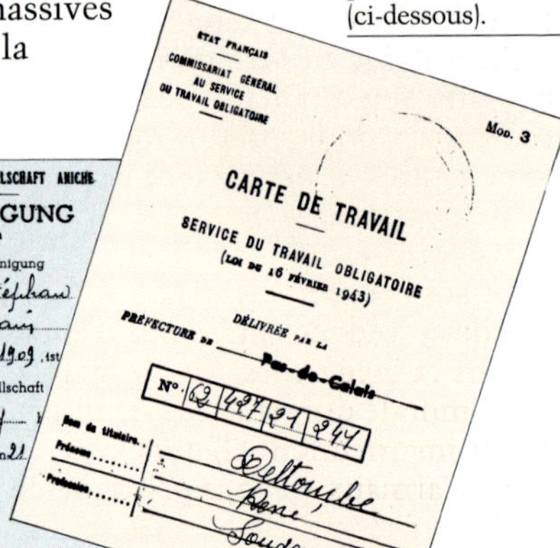

ETAT FRANÇAIS
COMMISSARIAT GÉNÉRAL AU SERVICE DU TRAVAIL OBLIGATOIRE

MOD. 3

CARTE DE TRAVAIL

SERVICE DU TRAVAIL OBLIGATOIRE (LOI DU 16 FÉVRIER 1943)

DÉLIVRÉE PAR LA PRÉFECTURE DU Pas-de-Calais

N° 62 427 21 244

Nom du titulaire : Deltombe
Prénom : René
Profession : Soudeur

A la Libération, le patronat est totalement discrédité : on l'accuse d'avoir poussé à la production pour Hitler, de s'être appuyé sur lui pour s'enrichir et prendre sa revanche. Certaines directions font preuve d'un aveuglement suicidaire, tergiversant, dans les jours qui suivent la Libération, sur la réintégration des mineurs congédiés, ou refusant d'accorder des primes aux familles des mineurs fusillés! Dans le Nord-Pas-de-Calais, les directions en place sont suspendues dès le 11 octobre 1944, un an et demi avant la création de Charbonnages de France. L'encadrement, dont certains membres étaient pourtant gaullistes, est englobé dans l'accusation de trahison. Sa présence dans les fosses provoque des incidents parfois sanglants. Délit de travail et délit politique sont confondus : 3 000 dossiers sont déposés devant les commissions d'épuration contre les porions et ingénieurs. Ces derniers traversent une crise morale qui rendra le recrutement difficile. Ce climat insurrectionnel, qui existe aussi dans le Gard et à Carmaux, gêne la politique de Front national des dirigeants communistes. Dans son fameux discours de Waziers en juillet 1945,

A la Libération, les mineurs sont mobilisés pour une nouvelle bataille, celle de la production. De grandes manifestations sont organisées, notamment à Lens et à Valenciennes. Pour cette dernière, le 24 décembre (ci-dessus), où parlent Maurice Thorez et Benoît Frachon, la direction du groupe de Douai des Houillères commande cinq trains à la SNCF et des camions pour les puits excentrés – 17 000 mineurs seront présents. Le syndicat d'Anzin demande quant à lui que le dimanche 23 soit travaillé pour libérer les mineurs le lundi 24.

Maurice Thorez lance aux mineurs : «Au lieu de produire, on désorganise la production... On fait même des grèves parce que le nez du porion ne revient pas au délégué. C'est un scandale, une honte... Ce n'est pas ainsi qu'on travaille pour le pays. On ne peut pas épurer pendant cent sept ans!»

Faute de pouvoir investir, produire plus de charbon signifie augmenter le rendement, donc l'effort ouvrier. Une formidable campagne de propagande est orchestrée en ce sens, utilisant les affiches (ci-contre, avec Maurice Thorez), la radio – surtout Radio-Lille – et le cinéma avec France-Actualités. Aux ouvriers qui produisent le plus dans chaque puits, on promet des récompenses en nature, des conserves, des cochons, et surtout «le vélo», objet de toutes les convoitises. Un directeur-général adjoint des Houillères envisage même de mettre les fosses en compétition, avec installation de fanions et de graphiques pour visualiser la production... Dans cette même veine, certains syndicalistes proposent de «s'inspirer des résultats d'un pays ami, l'Union soviétique, où le stakhanoviste est chéri à l'égal du héros des champs de bataille». Si le consensus existe pour augmenter la production, ces méthodes extrêmes ne font pourtant pas l'unanimité et la CFTC par exemple condamne «tout ce qui pourra ramener les mineurs aux temps maudits de l'esclavage souterrain».

Bataille du charbon et nationalisation

Le Parti communiste est le seul qui puisse faire accepter aux mineurs la bataille de la production. Pendant l'hiver 1945-1946, les Français sont plus mal chauffés que sous l'Occupation. La crise du recrutement est accentuée par le départ des nombreux prisonniers de guerre, puis des dizaines de milliers de Polonais qui rentrent au pays. Pour atteindre les 100 000 tonnes puis les 120 000 tonnes par jour, les mineurs sacrifient leur santé. Pourquoi accepter un tel effort? «Les houillères c'est à vous, c'est au pays, à nous, c'est nous les houillères», répond M. Thorez. Ils obtiennent effectivement deux compensations très importantes, le statut du mineur et la nationalisation.

Le statut du mineur voté en février 1946 est une charte professionnelle qui doit rendre au mineur sa dignité, «pour qu'on ne dise plus que c'est un métier de forçat». Il consacre un régime spécifique de Sécurité sociale et de retraite très avantageux et reconnaît la silicose comme maladie professionnelle. Les mineurs obtiennent le droit au logement gratuit, sont placés au sommet de la hiérarchie ouvrière, leur salaire de base étant fixé par rapport à celui des métallurgistes; ils sont garantis contre les sanctions arbitraires par la création de commissions paritaires; la classification des catégories et les règles d'avancement sont définies. Mais la CGT accepte, dans une logique de production à outrance, le travail à la tâche et le salaire individuel, contre lesquels les mineurs ont tant lutté.

Le statut du mineur en fait le «premier ouvrier de France». Il est également destiné à gagner la bataille «sur le front de l'embauche». Mais la mine manque toujours de bras. Aussi lutte-t-on férocement contre l'absentéisme.

La nationalisation représente pour eux la solution de tous les problèmes, la fin de l'injustice et de l'exploitation. Charbonnages de France (CDF) est créé en juillet 1946, regroupant neuf houillères de bassin qui disposent d'une large autonomie. Chacun de ces organismes est doté d'un conseil d'administration tripartite dans lequel les représentants syndicaux sont d'abord majoritaires.

Les espoirs trahis

Le désenchantement vient vite. Après le départ des ministres communistes du gouvernement, on refuse aux mineurs, qui ont gagné la «bataille du charbon», des augmentations de salaire. Dans les conseils d'administration, les syndicats sont mis en position minoritaire. L'Etat patron devient aussi exigeant que les anciennes compagnies, mais il n'y a plus d'arbitre. D'où le caractère politique des grandes luttes sociales. C'est pour défendre la nationalisation que sont lancées les grèves de novembre-décembre 1947.

En 1948, le gouvernement nomme des techniciens et veut rétablir l'autorité de la maîtrise au détriment des commissions paritaires. Les décrets Lacoste, qui visent à lutter contre l'absentéisme, sont reçus comme un retour aux «conditions de travail d'avant 1936 et sous l'occupation boche» et déclenchent cette immense manifestation de déception rageuse à l'égard de la politique charbonnière de l'Etat que sont les grèves d'octobre-novembre 1948 : les promesses n'ont pas été tenues, l'effort de la bataille du charbon n'a pas été récompensé. L'affrontement, d'une extrême rudesse, avec les CRS et les chars de l'armée, laisse des traces longtemps douloureuses, sur fond

La grève de 1948 est la plus violente de l'histoire des mines, et peut-être du pays. Les CRS occupent les puits. Pour la première fois, la CGT donne l'ordre d'abandonner des installations de sécurité. Face à l'insurrection, la troupe utilise des grenades offensives et à Firminy, lors de l'attaque du puits Cambefort par les grévistes (à gauche), elle tire sans sommation. Un mineur est tué, un autre décédera à l'hôpital. On compte 2 783 condamnations, et, pour le seul bassin de la Loire, le bilan est de 900 mois de prison.

de division syndicale. Les mineurs n'auront désormais guère plus de confiance dans les houillères nationales que dans les compagnies. D'ailleurs les décrets Mayer de mai 1953 donneront la majorité aux représentants de l'Etat et ceux de 1959 mettront CDF sous tutelle ministérielle.

La transformation du métier

La nationalisation permet surtout la mise en œuvre des plans de modernisation. Le nombre de mineurs passe de 358 000 à 216 000 de 1947 à 1960, en baisse de 40 % alors que le rendement du fond augmente de 50 %.

Au fond, l'électricité remplace l'air comprimé. Le transport mécanique devient général, les derniers chevaux remontent dans les années cinquante.

La CGT présente la grève de 1948 comme une nouvelle «lutte patriotique». Le mineur, héros du prolétariat, est exalté par les artistes communistes, tels André Stil, dans son roman *Le Mot «mineur», camarades*, ou, dans sa série *Le Pays des mines*, le peintre André Fougeron, représentant d'un réalisme socialiste à la française, qui, selon les mots de Jean Fréville, «a retenu la leçon de Maurice Thorez : "un art qui serait compris de la classe ouvrière et qui l'aiderait dans sa lutte" [pages suivantes].»

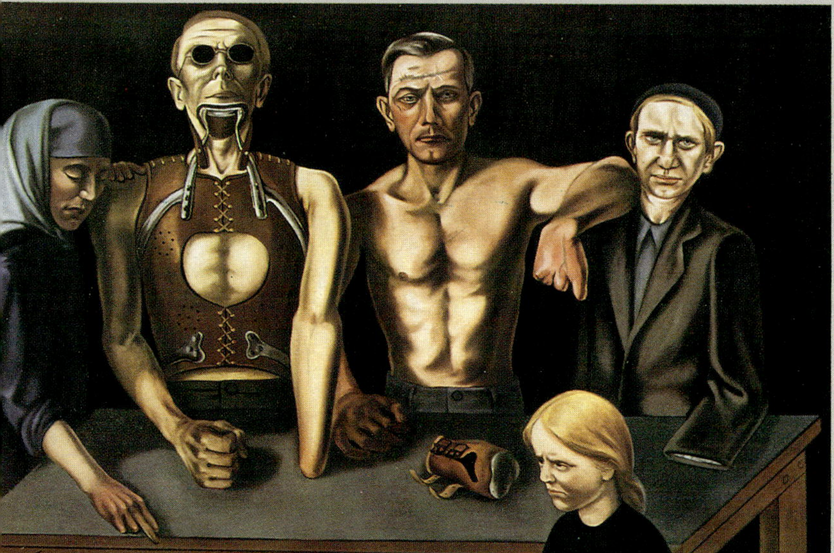

La dernière étape de la modernisation de la mine (ci-contre) s'accomplit à partir des années cinquante. Plus d'abatteurs ni de foreurs, mais une haveuse, énorme rabot actionné par une chaîne et dont les dents arrachent le charbon. L'ouvrier qu'on nomme encore abatteur a pour fonction essentielle de régler la position de la haveuse. Plus de herscheurs, mais des convoyeurs sur lesquels le charbon s'abat directement pour être entraîné vers les trains de berlines. Plus de boiseurs, mais un soutènement marchant sous le toit de la veine. Le travail le plus long est le démontage des étançons de cette machine pour le déplacer vers l'avant à mesure que le charbon est déhouillé. Le vide à l'arrière est alors comblé par foudroyage.

On installe enfin des chantiers entièrement mécanisés où la haveuse – qui remplace l'abatteur – est associée à un convoyeur blindé et à un «soutènement marchant»; le foudroyage, c'est-à-dire un effondrement contrôlé, élimine le remblayage.

Le nombre de tailles passe ainsi de 1 205 en 1955 à 220 en 1977. Chacun y accomplit une tâche déterminée par la marche de la haveuse. La mine est devenue un autre métier, qui nécessite de nouveaux spécialistes, même si les appellations traditionnelles survivent dans la grille salariale. Elle a besoin d'hydrauliciens, d'électromécaniciens, assistés par des manœuvres en tout genre.

Les houillères ont fourni un réel effort de formation; sur le plan sanitaire et de la sécurité, d'indéniables progrès ont été réalisés. Mais alors qu'apparaissent de véritables techniciens, la masse des mineurs a une conscience très négative d'un travail qui consiste à «faire du charbon» au prix d'un effort physique qui semble de plus en plus

anachronique, car si «ce n'est plus la même fatigue, c'est toujours aussi fatigant».

La récession

En réalité, ce que le mineur demande, c'est qu'on le dédommage pour une vie sacrifiée à la production. Il ne l'obtiendra pas. Dans le cadre de la Communauté européenne du charbon et de l'acier, ont lieu les premières fermetures de puits ; la politique charbonnière s'inverse ensuite brutalement. Jusque-là il s'agissait de produire plus, désormais il faudra produire l'énergie au meilleur coût. Le charbon est donc sacrifié au pétrole, le plan Jeanneney de juin 1960 planifie la récession. Plusieurs années auparavant, la politique de transferts du Centre-Midi vers la Lorraine avait échoué devant les réticences des mineurs. Le plan Bettencourt de 1968 accélère la récession et interdit le recours à cette solution de repli. Dans la Loire, il ne subsiste déjà plus qu'un seul puits en 1969.

La grève générale de 1963 traduit le retour en force chez les mineurs du sentiment d'être des parias. Les améliorations de la situation ouvrière ont dévalorisé l'avantage relatif du statut du mineur. La revendication est surtout salariale : «Pas d'sous, pas d'carbon.» Dans les années soixante-dix, la lutte contre le déclin se poursuit au niveau régional (ci-dessous, manifestation à Faulquemont, en Lorraine, en 1971).

La production du Nord-Pas-de-Calais passe de 27 millions de tonnes en 1960 à 3 millions en 1982.

Les mineurs engagent la lutte une fois de plus. Ceux de Decazeville occupent leurs puits pendant l'hiver 1961-1962. La grève générale de mars-avril 1963 est l'occasion d'une dernière manifestation de force. Les mineurs défient l'ordre de réquisition, découvrent la solidarité nationale, et pour la première fois les ingénieurs se joignent au mouvement. Au gré des fermetures, d'autres occupations ont lieu, notamment à Faulquemont en 1971 et 1974. Mais même la relance tentée en 1981 se heurte à la logique des coûts.

Défense de la mine ou défense du mineur

Vigoureusement, le syndicalisme minier rejette le principe des fermetures en opposant à une rentabilité à court terme la défense du charbon national. Argument social avant tout, au nom de la reconnaissance que le pays doit aux mineurs. Mais inverser la politique énergétique dépasse de beaucoup les possibilités syndicales. Lors des conflits, les négociations glissent en fait vers la défense des acquis, notamment du régime de Sécurité sociale et des retraites; elles s'en tiennent aux conditions de la reconversion. La charte sociale élaborée à l'issue de la grève de Decazeville servira de modèle partout. Les mineurs conservent nombre d'avantages sociaux, ce que n'obtiennent pas les ouvriers du textile frappés eux aussi par une récession brutale.

Affectée plus tardivement et de façon moins prononcée par la récession, la Lorraine, dont la production atteignait la moitié de celle du Nord-Pas-de-Calais en 1960 a dépassé celui-ci en 1974 pour devenir le premier bassin français. Le rendement y est le plus élevé d'Europe. C'est avant tout dans le bassin lorrain que l'on fait appel aux ouvriers marocains (ci-dessus); la reconversion du personnel y sera plus aisée qu'ailleurs. La main-d'œuvre a longtemps manifesté un particularisme affirmé, renforcé par le dialecte germanique. La nationalisation a constitué ici une ouverture vers l'extérieur suivie d'un important brassage de population. Le mineur lorrain, plus jeune, moins rattaché au passé, est celui qui a le plus longtemps conservé foi en son métier.

De la lutte sociale à la lutte régionale

Paradoxalement d'ailleurs, dès le début des années soixante, la mine manque de bras. Les jeunes des corons s'en détournent massivement et on les remplace par des travailleurs marocains – désormais des «agents du fond» – qui ont des contrats de dix-huit mois, non les avantages du statut. La véritable catastrophe est d'un autre ordre : la vie fuit de vastes zones couvertes de terrils et de carreaux déserts. La reconversion n'a pas été préparée, mais décidée trop tard en catastrophe. C'est l'ensemble d'une population menacée qui se mobilise au cours d'opérations villes mortes, pour sa survie plus que pour la mine. Si dans la Loire la reconversion s'avère assez facile, dans d'autres zones où la rénovation des logements n'efface pas la cicatrice urbaine et où les dégâts écologiques sont considérables, s'enkyste un monde de veuves et de retraités.

L'avenir des bassins miniers passe aujourd'hui par l'aménagement du territoire. Les communes n'épargnent pas leurs efforts. Certaines sont pressées de tourner la page – la fermeture des derniers charbonnages est prévue, en France, à l'horizon 2000 –, d'autres entretiennent le souvenir de la mine, sans nostalgie excessive : lorsque la mine meurt, le métier de mineur dans lequel des générations se sont reconnues a déjà disparu.

Au début des années quatre-vingt, l'espoir renaît brièvement d'une relance de la production charbonnière, avec la mise en exploitation de la mine à ciel ouvert de Carmaux et la réouverture de Ladrecht dans le Gard.

TÉMOIGNAGES ET DOCUMENTS

Le marin tout au loin lugubre se désole
De naviguer si près du bout de l'infini,
Car il ne connaît pas le mineur endurci
Qui fonce aveuglément dans la fosse des nuits.

Raymond Queneau

La mythologie du mineur

Certains métiers, exclusivement virils, où les hommes doivent vaincre la nature au prix d'un rude effort – équipes de bûcherons, marins en mer, mineurs au fond – nourrissent des comportements collectifs et une identité étroitement dépendante du travail. Forgée par la grande presse de la fin du XIXe siècle, l'image du mineur est très dramatisée : on ne le connaît qu'à travers les risques qu'il affronte ou les luttes qu'il mène. Danger et solidarité sont les maîtres mots, commisération et admiration les sentiments assez convenus de toutes les descriptions.

Une «race minière»

Le corps médical appuie de son autorité l'idée, qui germe au XIXe siècle, d'une «race minière» à part dont les caractères physiques liés au travail seraient pratiquement héréditaires.

«Si vous trouvez en chemin un homme de taille inférieure à la moyenne, avec une grosse tête, des cheveux courts et souvent clairsemés, à face large, épanouie, sans expression, sans mobilité, d'un teint bistre et blafard, maculé en une foule d'endroits, surtout le nez, les tempes, et autour des yeux, de tâches bleuâtres ou noirâtres, les unes irrégulièrement linéaires, les autres ponctuées; trapu, mais fortement constitué, épaules larges, cou court et gros, narines ouvertes, mains carrées, bras assez longs et généralement bien conformés, jambes courtes, cambrées de telle façon que les pointes des pieds regardent en dedans, les talons et les mollets en dehors, genoux rapprochés, hanches plates, bassin évasé vers le bas; vous pouvez déclarer hardiment que vous avez vu un houilleur-né ou un houilleur de l'ancienne époque.»

Docteur H. Boens-Boisseau,
Traité pratique des maladies, des accidents et des difformités des houilleurs, Bruxelles, 1862

De l'ouvrier modèle...

Le patronat transmet complaisamment cette image de spécificité, d'attachement indéfectible au métier, mais aussi de courage et de dévouement, qui correspond à son idéal du «bon ouvrier».

«Le mineur est un spécialiste; sa profession, dont la technique repose sur une expérience séculaire, présente des dangers qui exigent une attention de tous les instants.

Une adaptation héréditaire et le souci de maintenir les traditions donnent à ce travailleur du sous-sol le légitime orgueil de son métier. Grandi dans le milieu houiller, il est attaché à la mine comme le laboureur à son champ; à l'heure de la relève, il s'embarque dans la cage de la descente avec le courage tranquille du marin qui prend la mer par gros temps.

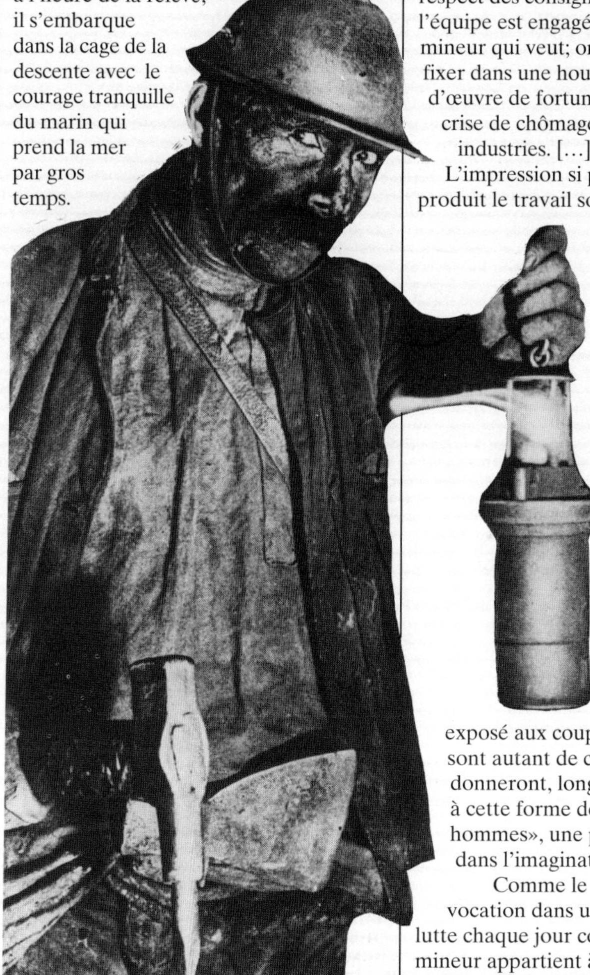

Il s'est plié dès l'enfance aux règles si particulières de sa profession, comme il a accepté, dès les premiers jours de son apprentissage, des méthodes de travail qui exigent autant de rapidité dans la décision quand il faut agir seul que de respect des consignes lorsque le sort de l'équipe est engagé. Ne devient pas mineur qui veut; on n'a jamais réussi à fixer dans une houillère une main-d'œuvre de fortune, pour remédier à la crise de chômage frappant d'autres industries. […]

L'impression si particulière que produit le travail souterrain…, les difficultés et les dangers de tous instants que comporte la lutte contre un milieu hostile à l'effort humain…, l'aspect tragique que revêtent les catastrophes collectives, heureusement de plus en plus rares…, enfin, l'attachement si touchant à une profession où, en dépit des progrès d'ordre technique, l'artisan reste exposé aux coups du hasard…, sont autant de considérations qui donneront, longtemps encore, à cette forme de la «peine des hommes», une place privilégiée dans l'imagination des foules.

Comme le marin, qui trouve sa vocation dans une longue hérédité et lutte chaque jour contre les éléments, le mineur appartient à une famille un peu «fermée», où se maintient l'amour d'une

profession lourde de dangers; comme lui, il possède des qualités inappréciables d'expérience, d'initiative et de discipline; comme lui aussi, à l'heure du péril, il donne un magnifique exemple de dévouement à son prochain.»

Eugène Schneider
Le Charbon, Plon, 1945

... Au militant modèle

C'est au fond le même stéréotype qui nourrit l'imagerie communiste : le bon ouvrier est aussi le bon militant, sa solidarité inébranlable, si utile au travail, fait également de lui l'avant-garde du prolétariat.

Vous êtes en face d'un mineur, à la sortie du puits, ou de la prison, prêt à descendre ou à lutter. Vous avez chaque fois l'impression très forte qu'il ne vous parle pas seulement en son nom mais au nom de tous les mineurs. Il y a cent vingt mille mineurs dans le Nord et le Pas-de-Calais. Le référendum avant la grève, la grève elle-même, plus encore que les mouvements d'aujourd'hui montrent que ces mineurs, en gros, si on ne s'arrête pas aux bavures, pensent, agissent, luttent

comme un seul homme. Nulle part ailleurs l'homme ne porte en lui à ce point le reflet de ses semblables. Ce qui arrive à un mineur pris au hasard a frôlé tous les autres. On le voit bien ici, l'essentiel de la vie, ce ne sont pas les petites affaires particulières de chacun, mais ce qui déteint sur chacun de la grande aventure collective. […]

Ensuite ce n'est pas seulement au nom de tous les mineurs que chaque mineur donne l'impression de parler, de penser, de rêver, de lutter. La sympathie qui a entouré dans tout le pays les «gueules noires» en lutte, de la part de tous les travailleurs mais aussi des larges masses d'honnêtes gens de toutes conditions, montre bien que le mineur porte en lui au plus haut degré, en ce moment, ce qui émeut, ce qui met en mouvement l'immense majorité des hommes de ce temps. Il est à l'avant-garde, mais pas seulement au sens politique du mot. Le mineur, c'est la pointe de l'homme avec laquelle s'écrit l'histoire. Le bassin minier, c'est une immense loupe, où l'on regarde agrandi, en pleine lumière, l'homme d'aujourd'hui.

Mais surtout, ce qu'il faut dire, c'est l'atmosphère de ces corons où jamais la mort, les plus grandes souffrances n'ont été aussi quotidiennes. Ce qu'il faut dire, c'est le goût d'invraisemblable que prend hors d'ici ce qui est ici le pain de chaque jour de chacun; le sang qui coule, le danger plus grand, la misère la plus noire, et en face, le courage, la solidarité, la confiance en l'avenir, à un degré jamais atteint. Amis des villes, des usines, des champs, ce qui est ici la vérité la plus rigoureuse nous étonne. Si je dis les choses comme elles sont, vous n'y croyez pas tout à fait, vous pensez que j'invente. Mais j'en suis bien incapable. Même si j'emploie toute mes forces à inventer une histoire qui se passerait ici, si j'y mets le plus haut de moi-même, je reste encore en dessous de la vérité des mineurs. Car, dans ces pauvres maisons humides et disloquées, toute plus éprouvées que les nôtres, c'est sur une lumière que nous n'avons pas encore aussi vive chez nous que s'ouvre comme des fenêtres les grands portraits des hommes que nous aimons. Après sa lutte, après la répression, le mineur est un pas en avant sur tous les autres hommes. Il y a ici, pour tous, de grandes leçons à apprendre.

André Stil,
Le Mot «mineur», camarades,
la Bibliothèque française, 1949

Le dur métier

Le mineur adhère-t-il à l'image héroïque que l'on donne de lui? Il aime la mine. Cependant, dans les témoignages de mineurs, se manifeste toujours une ambivalence et une relation d'amour-haine. La fierté du métier, la satisfaction qu'il procure peuvent-elles compenser les sacrifices qu'il exige? Progressivement, la transformation du travail, le passage de l'artisanat à la spécialisation renforcent les doutes. Si le stéréotype persiste dans l'opinion, le malaise s'étend dans la profession.

Travailleur des ténèbres

Durant les années 1880, Michel Rondet, premier militant syndicaliste dans la Loire, porte la bonne parole dans les autres bassins houillers. Il exalte ici la profession sur un mode lyrico-épique propre à l'époque.

Cet ouvrier qui avant l'aurore abandonne sa famille et, fuyant l'astre radieux qui va répandre à flot ses rayons dorés et vivifiants à tous les travailleurs des champs, tandis que lui va s'enfoncer dans des profondeurs de trois cents à six cents mètres dans les entrailles de la terre, pour y extraire cette matière noire qui en moins d'un siècle a aplani les collines et les montagnes, séché les rivières et les fleuves, qui permet aux marins d'aller contre les vents, qui transforme les minéraux, les rend malléables, perfectionne le mécanisme, favorise les arts et les sciences au profit de l'humanité.

L'ouvrier mineur n'est pas un ouvrier ordinaire, dans son travail il a pour ciel quelques centaines de mètres de rocher au-dessus de sa tête, le menaçant continuellement, pour soleil une lampe entourée d'un treillis, on peut dire qu'il a toujours comme une épée de Damoclès suspendue au-dessus de sa tête, de plus il est exposé aux explosions de feu grisou si redouté des ouvriers et dont vous connaissez la puissance destructrice. [...] En un mot, c'est un soldat qui combat constamment pour remplir les coffre-forts de nos capitalistes. [...]

O malheureux mineur! Quel est donc ton crime pour que la société te prive de lumière? [...] Priver un être de la lumière solaire, c'est porter atteinte à son développement

physiologique et intellectuel, c'est le conduire infailliblement à l'étiolement et à la mort.

Rapport pour le premier congrès national de la fédération des Mineurs (1883).
Archives de la Compagnie de Béthune

La modernisation

Dans l'entre-deux-guerres, les mineurs ont une nette perception de la déqualification de leur travail, qui met en cause aussi leur statut social.

Pour avoir une idée nette des changements très profonds introduits dans la technique des travaux souterrains des mines, il faut se reporter à vingt ans en arrière.

Fini le règne des courtes tailles où travaillait une équipe dont tous les membres se connaissaient : on parlait d'une bande. En effet, l'homogénéité de ces groupes de travailleurs était remarquable.

C'est dans des chantiers atteignant de cent à trois cents mètres que le travail de mineur s'accomplit actuellement. Trente à soixante abatteurs y travaillent : l'homogénéité possible dans un groupe de cinq à six hommes n'existe plus.

On y travaille chacun pour soi et le mesurage individuel marque bien ce caractère nouveau du travail de mineur, car il a brisé le lien de la solidarité dans le travail autrefois si puissant chez les mineurs. Heureusement le lien de dévouement, poussé souvent jusqu'à l'héroïsme, a survécu et il est chez eux plus vivant que jamais. […]

Quel changement aussi dans l'outillage! […] Les abatteurs d'autrefois étaient des ouvriers qualifiés dans toute la force du terme : ils le savaient et ils en étaient fiers à juste titre. Les abatteurs d'aujourd'hui deviennent de plus en plus des manœuvres spécialisés qui ont perdu en partie la fierté du travail dur et dangereux auquel ils se livrent.

La Tribune des Mineurs, 1937

La «salle des pendus» (ci-dessus), le vestiaire des mineurs après la généralisation des bains-douches.

Une désillusion teintée de nostalgie

Louis Lengrand, mineur du Nord, qui écrit ses souvenirs dans les années 1970, apporte un témoignage désabusé sur la profession.

Pour tout l'or du monde, je n'aurais pas envoyé mon fils à la mine. Ou alors peut-être ingénieur… Et puis non. Parce que être ingénieur, c'est faire du tort à l'ouvrier. Un mineur préfère voir son fils piller les banques, faire le voyou, vendre des cacahuètes, plutôt que de le voir descendre dans la mine. C'est fini. Il n'y a plus de Français ni de Polonais tout jeunes dans la mine. Maintenant viennent les Arabes, restent quelques années, s'en vont, d'autres Arabes viennent.

J'ai entendu parler de Cayenne. Bien sûr, casser des cailloux dans la chaleur, c'est dur. Pas plus dur que le travail du mineur. D'accord, nous on rentrait chez nous, dans notre famille. Mais eux, ils n'avaient pas la poussière. C'est pas en prison qu'il faut mettre les voleurs et les assassins, c'est à dix ans de fond de mine qu'il faut les condamer. En prison, c'est la télévision, le confort.

Je pense comme ça. Je ne sais pas… Je ne suis jamais allé en prison. Quand on n'y a pas été soi-même… C'est comme la mine, peut-être. Il faut y avoir travaillé soi-même pour savoir ce que c'est.

L. Lengrand et M. Craipeau,
Louis Lengrand, mineur du Nord,
Le Seuil, 1974

Dans les années de récession, certains mineurs regardent leur vie avec sérénité : la rudesse d'un métier que l'on n'avait pas choisi est acceptée car c'était aussi le gage d'une existence collective chaleureuse…

Joseph : Ce métier, nous on l'adore : enfin… Je dis pas que tout le monde l'adore puisqu'il y en a malheureusement, pour des raisons diverses, qui ont pas fait carrière, mais c'est sûr qu'on l'adorait parce que c'était de père en fils et qu'en définitive, la seule perspective peut-être, c'était ça. Est-ce que c'était une erreur ou pas? C'était une époque : les jeunes au fond de la mine se retrouvaient copains; ils se retrouvaient copains le soir au bistrot; ils se retrouvaient à la pétanque; enfin, tout tournait autour de la mine. C'est vrai, on a dit : y avait que la mine; eh bien! cette mine, on l'aimait.

F. Gardès-Madray, J. Brès, *Parole ouvrière autour de Ladrecht*, Messidor, 1986

... Mais d'autres disent sans fard que la fatalité du métier fut aussi parfois celle de la misère.

J. : C'est un métier que tu as aimé?
Ernest : Non. Je suis allé à la mine pour les avantages : la misère vous fait faire des choses! J'ai fait mineur parce qu'y avait pas d'autres débouchés. Si vous visitez la mine, qu'elle ne fonctionne pas, vous sortirez enchantés. Mais imaginez que tout fonctionne! Un bruit à vous rendre fou... Dans les ténèbres, y voir à peine à un mètre... De la poussière qui vous tue à petit feu.

Op. cit.

Augustin Dufresne, secrétaire général de la fédération des Mineurs, expose clairement cette ambivalence et rend hommage à un métier «qui était considéré» en reconnaissant son évolution positive.

J'ai d'abord aimé la mine à partir de ce que j'en entendais dire par mon père et son copain. Ils parlaient de leur boulot. Pas d'une façon qui rebutait, qui repoussait, mais d'une façon qui au contraire suscitait l'intérêt, l'attrait, la curiosité; et je me suis embauché dans cet esprit-là. Et puis c'est un métier dans lequel on est considéré : tout gosse je m'en étais rendu compte pendant la grève de 1948. Aujourd'hui, dans l'opinion publique, les mineurs jouissent toujours du même intérêt, de la même sympathie. Par contre dans les médias, le métier de mineur est présenté comme on le faisait il y a des dizaines et des dizaines d'années. Pour justifier la liquidation, on le présente comme un métier à gros

risques. Il y a trente ans, quand j'ai été embauché, il suffisait d'être costaud pour aller directement au fond. C'était la seule qualité qu'on demandait au mineur. La mine aujourd'hui, c'est plus du tout ça; parmi ceux qui travaillent au fond, il y a des gens très qualifiés, des ajusteurs, des électriciens, des électroniciens... Dans l'opinion publique, on ne le sait pas, on a encore cette vue passéiste largement propagée par les directions pour accréditer l'idée qu'aujourd'hui il est absolument inhumain de faire descendre travailler des gens à moins 700 ou moins 800 mètres de profondeur, alors qu'en réalité ceux qui dans la sidérurgie par exemple travaillent devant des fours ont peut-être des conditions plus pénibles.

Op. cit.

En rentrant de la mine

Après sa dure journée de labeur, le mineur rentre au coron. On s'empresse pour servir le père fatigué. Mais pour les enfants, c'est aussi l'heure du pain d'alouette, un moment de bon temps dont on garde un souvenir attendri. Lavé, rassasié, le mineur se consacre à son jardin, à ses pigeons : les concours sont nombreux et plus d'un espère y remporter un prix. Pour les femmes, l'intérieur est l'objet de toutes les rivalités.

Fils et petit-fils de mineur, Augustin Viseux, né en 1909, se souvient de son enfance à Liévin.

Le bon temps

Habillés de notre tablier de satinette noire, nous guettions chaque jeudi son retour à travers les lattes de bois peintes de la barrière du jardin. Il revenait noirci de charbon, toujours souriant, la «barrette» sous le bras et, sur la tête, son «béguin» trempé de sueur. Après nous avoir serré dans ses bras, il buvait deux grands verres de bière de ménage que ma mère avait remonté de la cave, enlevait ses grosses chaussures, puis allait faire sa toilette dans un grand baquet en bois (la «cuvelle») posé dans la buanderie; l'hiver, c'était dans la cuisine où l'eau chauffait sur le poêle flamand. Ma mère lui savonnait le dos. [...]

A quinze heures, nous déjeunions. Il partageait alors entre nous le «pain d'alouette», ces deux tartines de saindoux ou de beurre que ma mère, comme toutes les femmes de mineurs,

avait ajouté à son «briquet» avant son départ pour la mine. Comme tous les mineurs, mon père n'y touchait pas; ce pain d'alouette représentait ses enfants.

Maman n'oubliot jamais in y faisant
[s'musett'
D'mett' deux tartines ed puq' pou y faire
[s'malett'
Min pèr' y mordot d'din et ym' les
[armontot
Car chés deux tartines là, chétot pou leu
[tout tiot.

Ch'tout tiot, chétot mi et j'attindos
[l'momint
Q'min pèr sin poste fini, s'pointe au bout
[du gardin
Aussitôt qu'jé l'véyos, j'y arrachos
[s'musett'
Tout in y démindant «T'as du pain
[d'alouett?» [...]

Dans son jupon

En fouillant un peu dans son jupon [sa blouse], on trouvait également quelques chutes de bois de chêne ou de charme provenant de la mine et raccourcies à la hache : les «raccourches», qui serviraient à allumer le poêle flamand; et, parfois, ce qui était strictement interdit, une ou deux poignées de «gaillettes»... afin que le feu prenne plus vite. Sur le feu de ces «gaillettes», on mettait de l'«escaillache», un produit de basse qualité encore très pierreux, mais le seul charbon auquel le mineur avait droit.

En avons-nous entendu parler dans les corons, de cet escaillache qui s'allumait difficilement et produisait beaucoup de cendres avec de grosses «groches» et des «clayats» dont l'aspect brillant avant l'allumage donnait l'illusion de l'or, mais qui étaient si durs qu'ils émoussaient la pointe des outils dans la veine; on trouvait également des

schistes très tendres, des «rouffles», qui trompaient l'œil mais pas la chaudière! La femme du mineur reprochait sans cesse à son époux de ne pas réclamer du charbon de meilleure qualité. C'était lui qui faisait les bonnes gaillettes et elle n'en voyait jamais une à la maison. [...]

Au pays des jeux

Nos voisins colombophiles concouraient tous les dimanches à la belle saison. Certains envoyaient leurs pigeons sur Chartres, Angoulême, etc. Chaque coulonneux avait ses astuces : le «veuvage» (séparer le mâle de la femelle huit jours avant la course), la «jalousie» (mettre deux mâles en concurrence pour un femelle), le «célibat», etc. Aussitôt que les pigeons engagés avaient bouclé la boucle, c'est-à-dire étaient retournés au terme de leur voyage dans leur colombier, le coulonneux ôtait vivement leur bague et prenait ses jambes à son cou ou demandait à plus véloce que lui – souvent un jeune de seize, dix-huit

Le mineur, son épouse et ses enfants photographiés dans leur intérieur, somme toute coquet.

ans – de courir jusqu'au siège de la société des colombophiles de l'endroit. Là, on enregistrait sur un constateur l'heure et la minute de présentation de la dite bague.

Dans la cité des Genettes, comme dans toutes les cités de la région, les mères concouraient aussi, une fois l'an, pendant l'été, pour le prix de la tenue des logements. Ma mère s'y inscrivait malgré la désapprobation de mon père, qui considérait que les Houillères n'avaient pas à metttre leur nez dans le peu que nous possédions. Ce à quoi ma mère répondait : «Tit'es si fier ed'tin gardin. Mi j'peux bin moutrer m'maison.»

Le jury, composé du chef du service des plantations, de l'ingénieur du service des constructions, de deux adjoints menuisiers ébénistes et d'une femme architecte, regardait attentivement les meubles. Sur invitation de ma mère, ils visitaient la chambre, ouvraient les placards pour vérifier le rangement, inspectaient la cuisine, jusqu'à regarder la lessive. On tenait compte du goût dans la décoration. La célèbre «suspension» à dix branches dorées et à petits abat-jour de ma mère remportait toujours un franc succès, excitant en cela l'envie de bien des femmes du coron. Ma mère obtenait chaque fois un prix de propreté qui consistait en un «objet d'art» en faux bronze ou en des coupons de tissus d'ameublement.

Deux mineurs discutent avant le départ à la fosse. On distingue très bien à l'arrière-plan les jardins qui donnent du coron une image plus riante que l'alignement triste des façades.

En fait, la compétition durait entre ménages toute l'année, on se ruinait dans les corons «chics» à coup de grands rideaux, de papier mural. Mon père, un peu agacé, disait : «On va tous à l'envie l'un de l'autre.» La belle pièce «d'devant», celle où il y avait le buffet Henri II, la suspension et le fauteuil, était sacrée. On en laissait volontairement la porte ouverte pour que les «gins» la voient du dehors. Elle donnait une idée de la qualité du ménage.

Et, de son jardin, comme le mineur en était fier! Là aussi, des concours annuels étaient lancés. Des sélections de semences étaient offertes à ceux qui l'avaient le mieux entretenu. Soigner son jardin répondait, en dehors de son aspect pratique, à un besoin profond. Ce que fait le mineur dans la fosse est anonyme, on ne voit pas la qualité de son travail. Il ne peut même pas dire à ses enfants, comme l'ouvrier en usine : «C'est cette voiture-là que je fais.» Ou bien, comme le maçon, montrer la maison qu'il a construite et la belle allure du mélange de pierres et de briques qu'il a disposé. Alors, le mineur se rattrapait sur la musique, sur ses parterres de fleurs, ses jardins superbes, dessinés à la française, arrivant même à obtenir des variétés que lui enviaient les horticulteurs.

Augustin Viseux,
Mineur de fond, Plon, 1991

Le mineur-poète

Enfant de Denain, Jules Mousseron (1868-1943) descend à la mine à l'âge de 12 ans. Il la quittera après 46 ans de travail. De Fleurs d'en bas *(1897) à* Dernières Berlines *(1933), il publie une douzaine de recueils patoisants. Echappant à la grandiloquence ou au misérabilisme, fréquents dans la littérature prolétarienne, il décrit avec une acceptation sereine et souriante les peines et les joies du travail.*

Mousseron lisant ses œuvres en habits de travail. Des milliers de représentations assureront sa renommée.

Dins nos mines ed carbon
hier et aujord'hui

Dans ce cycle de poèmes, Jules Mousseron passe en revue les différents aspects du travail souterrain : descente des hommes et des chevaux, forage du trou de mine, herschage, havage, fonctionnement de l'équipe, puis évolution de la technique, de sa première descente (avec Emile Basly, figure de proue du mouvement ouvrier) à la modernisation des années 1930.

El métier du mineur naguère
Etot bin dur, j'ose in parler :
J'ai ouvré quarante ans d'zous tierre,
Dins tous l'z états du carbonnier.

Alors dins l'foss' fallot desquinte
Pa des échell's presqué d'aplomb,
Vos othieux vous écorchant l' vinte
Sous l' cheintur', l' long d'mill' pieds
[parfond.

Vos mains fait'nt su les bougeons d' frêne
L' bruit d'un bâton su des barriaux.
Les sémell's d' pieds-décaux all's
[prennent
L'épaisseur d'un cuir ed chameau.

Pou dévaler un qu'vau dins l'fosse,
Ch'est du plus frémissant effet :
L' pauv' biête éprouve eun' peur atroce
Durant tout l'infernal trajet.

Dins un sac ed cuir dûss qu'all' souffre,
Pindu', l' tiête in l'air, in l' desquind
Au bout d'eun' corde, à même el gouffre.
J'in ai vu morir subit'mint.

L'immens' gibet, l'êtr' qui s'démène,
L' sombre abîm' su l' point d' l'ingloutir
Font busier à l'image ancienne :
Pindaison d' l'innochint martyr.
I fallot d'z heur's, dins les koeurelles

Pou forer un p'tit tro d' souris,
L' gros martiau randouillant d' pus
[belle
Sous l' pauv' rayon del lamp' Davy.

Ch'ti qui tapot su l' barr'-batroulle
I n' savot pus ouverr' ses mains;
Ch'ti qui l' tournot dév'not maboule,
Tant l' tro d' min' s' perforot lent'mint.

N' point busier pus qu'un automate,
Eun' longu' journé' buquer su l' fier,
Risquant d'assommer l' comarate
Si l' lourd martiau tape ed travers.

L' *diamant* del batroull' s'émousse,
L'aut' bout s' défrinch', s'pite in éclats.
Su l' corps du batteux, l' sueur mousse
Et l' maudit tro d' min' n'avanch' pas!

C' supplic' dins eun' nuit sans étoiles
Fait pinser, sauf pou l' comperdo,
Au qu'vau vivant, muché d' viell's toiles
Qui faisot tourner les qu'vaux d' bos.

Ch' tot dur aussi pou l'hiercheux d' coupe,
Jonne homme ed quinze à dix-huit ans.
I f'sot voltiger s' grande escoupe
D'eun' vitess', d'un train étonnants.

Es berlin' plein', li, l' piau bronzée,
Filot dar'-dar', s' lampe à ses dints,
Lançant s' ball' dins l' voie affaissée,
Les os brisés griffant ses reins.

Quand j' tos hiercheux, j'avos m'n
[inquenne
Ecorché' comme à cops d' rasoir.
M' pauv' mèr' brayot comme eun'
[Mad'leine
In m' lavant l' dos au savon noir.

In exploitot l' gis'mint l' pus mince.
Dins l' carbon tert, cha d'allot cor,
Mais dins l' vein' dur', queull' pénitince!
Queu d'occasions d' machurer s' corps!

Del fin' riv'laine à deux lam's plates,
In usot les point's in rien d' temps,
In creusant l' filon pou l'abatte,
In fougnant d'zous au pus avant.

Insuit', pou fair' kair el gaillette,
I fallot infoncer l'ardi
In tapant du martiau-à-tiête.
Queu d' tourmints dins un tro si p'tit!

Si p'tit ? Pou juger d' cheull' misère,
Qu'in s' démèn', par supposition,
D'zous l' pus bas bougeon d'eun'
[kaïère,
In verra queull' douch' position!

In choisissot ses comarates
Parmi les carbonniers nombreux.
Dins eun' talle in étot à quate
D'égal salair', sauf pou l'hiercheux.

Et parfos, eun' famille intière
Formot eun' équipe ed parints.
L' pus vieux mineur, à l'ordinaire,
Dirigeot l' binde amical'mint.

Infin, in s'intindot intre hommes,
Librémint, in accord parfait.
Tertous ed connaissance, in somme,
Souvint, cha marchot à souhait.

L' pus vieux n' laissot point faire ed fautes,
L' pus patient conseillot l' nouviau,
Et l' pus gai faisot rir' tous l'z autes :
Ainsi, l'équipe avot moins d' mau.

L' porion n' vénot qu'eun' fos à l' talle
Par jour et i n' faisot qu' passer,
Sachant bin qu' ses houilleurs, ses diales,
I n' prénot'nt mêm' point l' temps
[d' souffler.

I-avot à D'nain pau d'imbauchache :
L' garchon d' mineur dév'not mineur.
Chaqu' maison cuisot l' pain d' ménache
Et l' burre étot l' burre el meilleur.

A ç't' époqu'-là, quoi qu'in in disse,
L' mineur étot putôt joyeux,
Même au temps d' grève, in toute
[franchisse,
Des méchants, j'in ai connu peu.

J' pourros prouver les faits qu' j'expose,
Chu qu' dins ces pag's j'arai cité.
J'ai vu Basly Emil' dins l' fosse
Avant qu' Paris l' nomm' député.

J' tos galibot près d' sin ouvrache,
Deux cent septant'-six, foss' Rénard;
J'allos li d'viser dins s' montache.
Comm' mineur, ch'étot un gaillard.

Au fond, un ouverrier hors-ligne,
Au jour, un comiqu' sans égal;
Dins s' ménache, un papa très digne,
Mais boute-in-train au Carnéval.

Si j' prinds l'exempl' su ç't' homm' si brave,
Y-avot d'aut's joyeux dins l' coron.
Malgré leu dur labeur d'esclave,
Les carbonniers ch'tot des lurons.

L' métier d' mineur à l'heur' présinte
Est moins dur ; mais, pour in finir,
Sans êtr' sorcier, in peut prétinte
Qu'i n' s'ra jamais douche à l'av'nir.

L' sort du carbonnier s'améliore.
Ch'est un grand point, mais j' cros
[ç'pindant
Qu'i n'a pas besoin d'aller incore
Au diap' pour avoir du pass'-temps.

A ch't' heur', tout l' mond' dévale à l' cage,
Les qu'vaux, les othieux parell'mint.
Tant mieux, ch'est un bel avantage
Avec un sérieux allég'mint.

L' lampe électrique est un modèle,
S' fidèl' leumière all' surpass' tout.
Incor, faut l'ancienn' lamp', près d'elle,
Pou constater quand vient l' grisou.

In rien d' temps, à l'aid' d'eun' machine,
Sans l' manimint du lourd martiau,
L'ouverrier fore un long tro d' mine,
Facil'mint, dins l' pus dur caillau.

Mais ç' truc chass' tant d' poussière et
[d' pierre
Qu' tout l' parache in est invahi.
L'homme' crot maquier du papier d' verre,
Car es bouqu' s'impapine aussi.

Pour exploiter l' vein', grande ou p'tite,
A ch't' heur', dins les foss's, in a r'cours
Au pic nouviau qui tap' pus vite
Qué les baguett's sur un tambour.

Ch'est l' martiau-piqueur, mécanique
Fonctionnant à l'air comprimé.

A peu près l' temps d'artourner s' chique,
L' bloc ed carbon est intamé.

Cha rintr' là-d'dins comm' dins du burre,
Cha vous ébranl' fort, in tout cas.
In r'choit un peu moins d'espitures,
Mais des fourmich's groull'nt dins vos bras.

C't othieu magiqu' buque et rambuque
Comm' pou s' moquer du pic ancien.
Si l'œil i prind un peu moins d' buques,
Mon Dieu! l'orell', qu'est-ç' qu'alle
[intind!

Dins l' talle, in plat, l' triczine ed tôle,
Systèm' fort adroit'mint construit,
Fait qu' tout seul, l' carbon dégringole.
L'escouplache est grand'mint réduit.

Tout'fos, cha n'a rien d'agréape :
L' triczine et l' piqueur in action
Font l' tintamarre ed cent mill' diapes;
J' préfère el pus stupid' canchon!

Amis, ç' long poème i vous moutre
Les clairs mérit's d'obscur's valeurs;
I peut contribuer, in outre,
A cor aimer mieux l' brav' mineur.

A l'homm' qui-ara vécu les peines
Dé ç' dur métier si périlleux,
I faut fair' tout pou qu'il obtienne
Du r'pos avant qu'i n' soit trop vieux.

Jules Mousseron,
Dans nos mines de charbon,
recueil posthume édité par Jean Dauby,
1946

La silicose

Reconnue maladie professionnelle en 1945, la silicose, dont bien peu de mineurs de fond sont exempts, est due aux poussières de silice qui se fixent dans le tissu pulmonaire. Le silicosé vit dans la crainte permanente de l'asphyxie. Engagée vigoureusement par les Houillères nationales, la lutte contre la maladie et ses causes intervient trop tard pour bien des mineurs.

Le mineur atteint par la maladie a droit à une pension, plus ou moins élévée selon la gravité de son état. Bien soigné et sous un climat propice, il pourra peut-être profiter de sa retraite. Mais à quel prix?

30 %, 40 %, 50 % – bah! Silicosé à 50 %, je me disais : «Je passerai à travers les mailles du filet.» Comme, dans les camps de concentration, ceux qui réussissent à passer. Oui, mais combien passent?

Un silicosé qui ne se sent pas trop atteint ne pense pas trop à tout ça. Puis d'un seul coup, on prend froid, on tousse, bronchite, couché, vous crachez tout noir et voilà qu'on vous dit : «Vous avez des cavernes au poumon, vous devenez tuberculeux.» Vous avez des complications de silicose et on vous envoie dans un sana.

C'est là qu'on se met à réfléchir. Mais avant, quand vous sentez que çà va à peu près...

Avec 10 % de silicose, il y en a qui ne peuvent plus respirer. J'ai vu mourir des gars avec 25 % de silicose. Leurs femmes ne touchaient pas de pension de silicose, on ne considérait pas qu'ils en étaient morts. […]

Un silicosé, vous n'en verrez pas un qui n'ouvre pas ses fenêtres toutes grandes, en plein hiver, autrement il se sent asphyxié. On meurt étouffé. Il vaut mieux ne pas y penser.

Qu'est-ce qu'on voit dans le Nord? Les mineurs qui regardent par la

fenêtre les autos qui passent en hiver. Il ne peut pas sortir, le mineur, il a peur d'attrapper froid et de rester deux mois au lit. Les gens passent, lui disent bonjour. Lui, il regarde. Qu'est-ce qu'il pense? Il pense que la croix, elle va bientôt arriver. Quand l'hiver est passé, il dit : «Ouf, je suis sauvé.» Jusqu'à l'hiver prochain. Et quand l'hiver prochain arrive, il se tient aux branches, comme on dit. Il pense : «Ca y est, mon tour va arriver.» Il le sait, il le sent. Un coup de froid et on meurt la bouche ouverte, quand on ne peut plus respirer.

Dans les cités, à toutes les portes, vous les voyez. Quand vous voyez de temps en temps un mineur qui prend son vélo et qui s'en va, vous pouvez dire : «Celui-là, il n'a pas été à l'abattage.»

Je sais comment je vais mourir – étouffé, la bouche ouverte. Quand je sentirai l'heure venir, j'écrirai des instructions pour mon fils, pour les formalités, puis j'attendrai. [...]

Un mineur qui prend sa retraite à cinquante ans – et les trois quarts prennent leur retraite anticipée –, c'est pour s'asseoir. Ils ne peuvent même plus aller chercher un seau de charbon pour leur femme. Ils sont assis et ils attendent. C'est tout juste s'ils ne plantent pas un clou pour mettre la croix pour le jour où ils mourront.

Un silicosé a mal partout. Aux omoplates, à la colonne vertébrale, partout. Rien qu'à mettre vos doigts sur la poitrine, vous avez mal.

On pèse quatre-vingts kilos. On reste au lit quelques années, on finit par en peser quarante. Des jambes comme mes poignets. Moi, ça va, sauf les poumons. Si on pouvait me mettre deux poumons en plastique ou deux poumons de veau, je me mettrai à courir.

Quand on parle parmi les mineurs, que dit-on? «A combien que t'es reconnu? – A tant.– Alors tu vas chercher tant par trimestre.» Quand ils sont tous ensemble, femmes, enfants, on parle comme ça. Un qui est reconnu à 10% dit : «On m'a roulé, l'expert ne veut pas me reconnaître, toi tu es encore bien et tu es à 80%, moi je suis à bout, et j'en suis à 10%, on nous roule.» Il y en a beaucoup qui disent ça. Je ne sais pas si c'est vrai ou pas vrai. Je ne suis pas un docteur. Un type qui a de l'emphysème, il ne sera pas reconnu comme un type qui a de la silicose pure. Un qui étouffe n'est pas reconnu, parce qu'il a de la bronchite chronique, et ce n'est pas de la silicose. La bronchite, ça ne compte pas. Un gars qui a de la poussière, on lui dit qu'il a de la poussière, mais il n'est pas reconnu silicosé. On lui dit que c'est un bronchiteux. Il y en a tellement! [...]

Quand le médecin me dit maintenant : «Il ne faut pas fumer», je me demande pourquoi on ne m'a pas dit de ne pas descendre à la mine à treize ans, quand on savait ce que j'aurai à cinquante? On aurait pu me dire, au lieu de m'embaucher, avec un coup de pied au cul : «Va-t-en, gamin, apprendre un métier.» Mais pas du tout; fils d'un bon mineur, par ici, tout de suite embauché. Et maintenant, on veut m'empêcher de fumer ma cigarette?

J'ai un quart de poumon qui fonctionne à chaque poumon. J'ai dit en regardant ma radio : «Il y en a, de la poussière. – C'est pas de la poussière, c'est des cailloux», m'a dit le docteur en me conseillant de ne pas forcer, de faire tout doucement et de ne pas fumer.

Bien sûr, en fumant, je me fais du tort, mais quand le jour sera arrivé, je partirai comme les autres voilà tout. Si je pouvais mourir avec ma cigarette à la bouche...

L. Lengrand, M. Craipeau,
Louis Lengrand, mineur du Nord,
Le Seuil, 1974

Le drame de Courrières

Alors que la sécurité globale s'améliore, les grandes catastrophes sont plus nombreuses au début du XXe siècle, à cause de la taille et de la profondeur qu'atteignent désormais les puits : 348 morts à Radbod dans la Ruhr le 12 novembre 1908; 344 morts à Holton Pit dans le Lancashire le 21 décembre 1910; 439 morts à Sengenhydd au Pays de Galles le 14 octobre 1913. La France, quant à elle, est frappée par un drame qui restera le symbole de l'effroyable danger de la mine : le 10 mars 1906, 1099 mineurs périssent dans la catastrophe de Courrières.

Samedi 10 mars 1906, 6 heures 45
Une explosion de grisou dans la veine Cécile de la fosse n° 3 de la compagnie de Courrières ravage des kilomètres de galeries dans les puits n° 3, n° 2 et n° 4-11, où sont descendus 1 425 ouvriers.

11 mars
Le Réveil du Nord, publie le premier de quarante articles quotidiens qui dénonceront les responsabilités et la rapacité des «Vautours de Courrières».

12 mars
Arrivée des sapeurs-pompiers de Paris et des sauveteurs des compagnies de la Ruhr, très bien équipés, qui chercheront des survivants jusqu'à la fin mars.

13 mars
Obsèques solennelles à Méricourt (404 morts), Sallaumines (303 morts), Billy-Montigny (114 morts), Noyelles-sous-Lens (102 morts), etc. A Billy-Montigny, l'ingénieur en chef doit renoncer à parler et quitte le cimetière sous les cris de «A mort!»
Mise en place du comité de secours. Il distribuera près de huit millions de francs.

14 mars
La grève éclate dans la compagnie de Courrières et dans sa voisine de Dourges. Elle gagne l'ensemble du bassin en deux semaines.

15 mars
Le «vieux» syndicat présente des revendications, essentiellement salariales, et appelle au calme. Déception des mineurs, sensibles aux appels à la révolte lancés par la poignée de cégétistes du «jeune» syndicat.

18 mars
Concessions patronales.

20 mars
Arrestation de Broutchoux, dirigeant du jeune syndicat, lors d'une tentative de coup de force contre la direction du vieux syndicat assiégée dans la mairie de Lens. Le mouvement extrémiste est décapité.

28 mars
Les ouvriers, consultés par référendum, votent à une grande majorité la poursuite de la grève. Le vieux syndicat se radicalise.

30 mars
13 ouvriers du puits n° 3 qui se sont nourris pendant vingt jours de cheval, d'avoine et de bois, remontent par le puits n° 2. L'émotion est considérable. Relance de la grève et développement d'un climat insurrectionnel. Sabotages, dynamitages, incidents avec la troupe.

3 avril
La Chambre refuse un ordre du jour du député-maire de Lens, Basly, prononçant la déchéance des compagnies minières.

4 avril
Remontée d'un quatorzième survivant. La colère explose autour des fosses.

14 avril
La commission d'enquête présidée par le directeur de l'Ecole des mines rend un rapport déchargeant de toute culpabilité les ingénieurs, ce qui provoque un contre-rapport des délégués ouvriers.
Nouvelles concessions partielles des compagnies.

17-20 avril
Affrontements à Liévin, Lens et Denain; mise à sac du château du directeur de la compagnie de Lens; émeutes et siège de Liévin. Un lieutenant de dragons meurt après avoir reçu un pavé au cours d'une charge.

20 avril
Nouveau rejet des concessions patronales, qui ne comportent pas le salaire minimum.

22 avril
La troupe quadrille le bassin (un soldat pour trois mineurs).

27-30 avril
Négociations par compagnie. Les concessions sont maintenues.

28 avril
Reprise à Anzin.

7 mai
Reprise générale sauf à Drocourt.

5 mai 1907
Non-lieu en faveur de la compagnie de Courrières quant à sa responsabilité pénale, confirmé par la Cour d'appel puis la Cour de cassation.

L'entrée de la fosse n° 3 de la compagnie de Courrières, à Méricourt, après l'incendie, le 11 mars.

Les familles attendent dans l'angoisse pendant que se poursuivent les recherches (en haut). Les sauveteurs allemands arrivent sur les lieux le 12 mars (en bas).

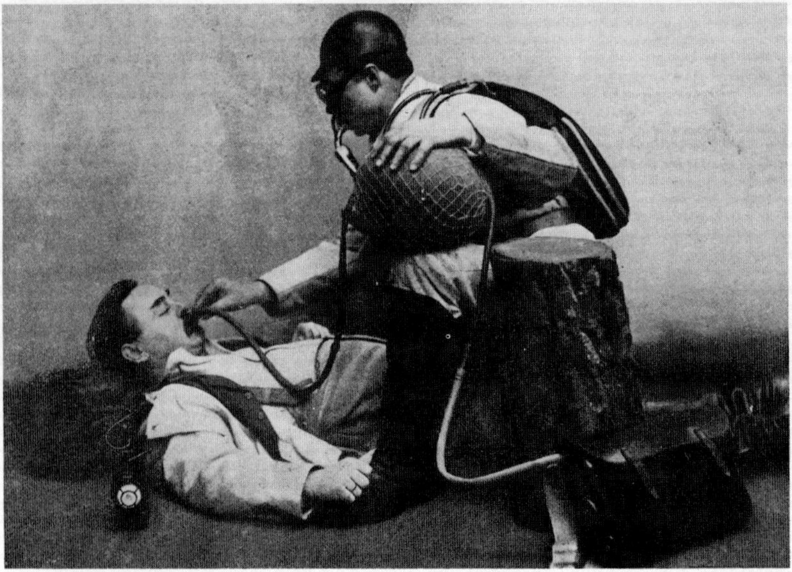

Dans les galeries, on découvre un amoncellement de cadavres (*Le Petit Journal*, en haut). Les sauveteurs allemands sont munis d'appareils permettant la réanimation (en bas).

L'incendie qui a suivi le coup de grisou a également fait des centaines de blessés. Les appareils respiratoires des secouristes allemands sont d'une aide précieuse pour les évacuer.

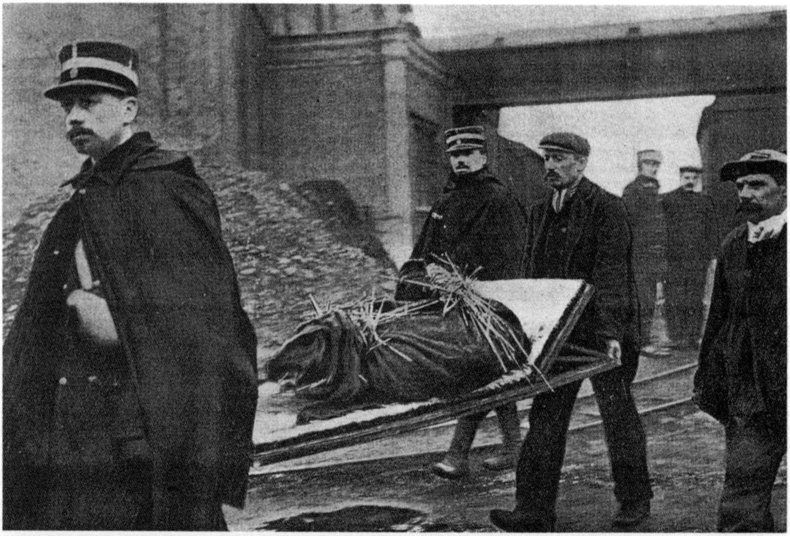

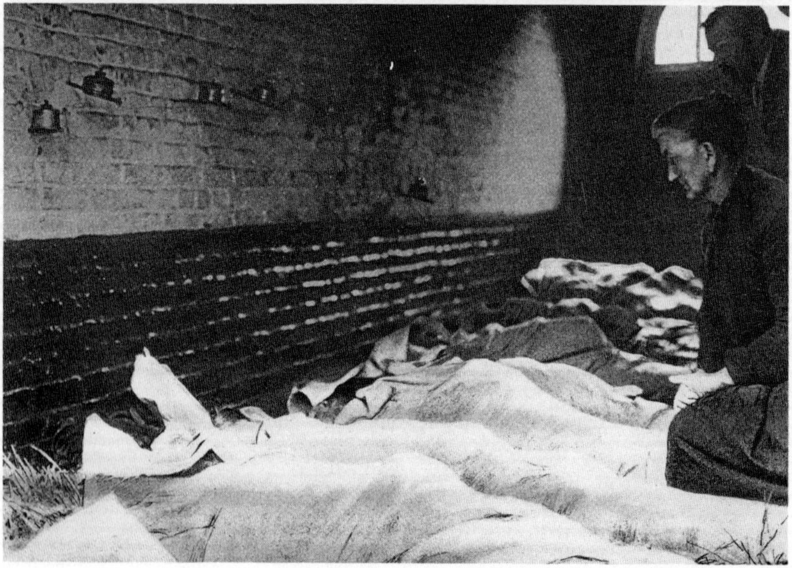

Les premiers corps, souvent méconnaissables, sont remontés dès le 11 mars et exposés afin d'être identifiés par les familles. Les opérations se poursuivront pendant quatre mois.

Le 13 mars, c'est sous la neige que s'avance le cortège funèbre (en haut). Faute d'avoir pu être identifiées, nombre de victimes sont enterrées dans une fosse commune (en bas, la bénédiction).

Lors des obsèques, la colère gronde. Les gendarmes sont envoyés pour maintenir l'ordre. De la foule immense fusent des cris de vengeance : «A bas les assassins!» «Vive la sociale!»

Les journaux vont se faire l'écho de ce mécontentement, et accuser la compagnie d'une négligence criminelle. Ci-dessus, la foule devant la fosse n° 4 de Sallaumines.

Au lendemain des funérailles, la grève éclate. Elle gagne l'ensemble du bassin houiller et tourne à l'insurrection. Les grévistes coupent les communications, dynamitent des ponts.

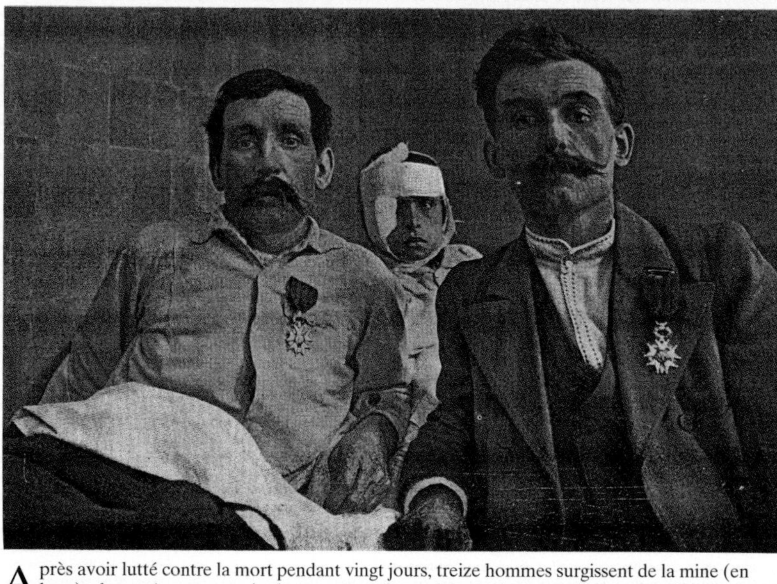

Après avoir lutté contre la mort pendant vingt jours, treize hommes surgissent de la mine (en haut), alors qu'on ne pensait plus retrouver de survivants. Ils recevront la légion d'Honneur.

Les ingénieurs

Jusqu'à la Première Guerre mondiale, les ingénieurs incarnent dans la mine l'autorité du patronat. Ils en sont les «grands vassaux», «seigneurs du pays d'alentour», selon la typologie établie par Etienne Dejonghe dans son étude sur l'ingénieur des mines. L'entre-deux-guerres les voit perdre leur pouvoir absolu sur le plan technique, alors que leur rôle social est contesté. C'est le «temps des officiers»; leurs troupes se mutineront à la Libération. Avec la nationalisation et la modernisation, arrive le «temps des salariés». La récession met à mal ces meneurs d'hommes animés par une mystique de la production.

La syndicalisation

En 1936, l'ingénieur des mines réagit à la mise en cause de son pouvoir de commandement en s'organisant. Le syndicat des ingénieurs des houillères a d'abord pour objet la défense de l'autorité, mais reconnaît que ses membres sont «aussi» des salariés. Le patronat considère cette initiative comme une trahison, fait savoir Louis Champy, l'ancien directeur d'Anzin.

Il importe aussi que les ingénieurs s'attachent avec un soin tout particulier à réconforter et à soutenir le moral de leurs chefs-ouvriers par des contacts toujours plus intimes et plus minutieux. Et surtout qu'ils leur donnent l'exemple de l'équilibre moral, de cet équilibre que l'on fait tout, de l'autre côté pour troubler. Qu'ils n'oublient jamais que l'autorité est une et ne souffre aucune interposition, mais seulement un fractionnement de degré en degré de l'échelle hiérarchique. Le détenteur de la moindre parcelle d'autorité et le chef unique responsable sont entièrement solidaires. Ni les uns ni les autres ne doivent l'oublier.

Je ne puis comprendre que des agents de maîtrise et à plus forte raison des ingénieurs se constituent en Syndicat. C'est pour eux se placer sous l'obédience d'une puissance étrangère à la direction de leur affaire, c'est donc troubler délibérément l'exercice de cette autorité qui, pour être efficace doit être unique.

Ayons toujours devant les yeux cette nécessité fondamentale, que les Alliés ont été si longs à reconnaître, lors de la dernière guerre, l'unité de leur commandement. Et lorsque chacun de vous aura contribué dans la mesure de ses moyens dans l'entreprise à laquelle il appartient, il pourra se dire qu'il aura contribué à faire gagner, non pas la

Louis Champy (à gauche), en compagnie du ministre M. Flandin et de notables.

guerre, car je veux croire que nous n'y sommes pas, mais l'ordre et la paix sociale.

Allocution au banquet de la Société de l'industrie minérale, *Nord industriel*, 5 juin 1937

Dans sa «respectueuse réponse», la Fédération nationale des syndicats d'ingénieurs regrette cette incompréhension mais aussi, semble-t-il, l'époque d'un ordre social plus harmonieux.

La Fédération des Ingénieurs des Mines de France, qui s'est placée dès sa naissance sous le signe de l'Ordre, de la Hiérarchie, de la Discipline, a entendu avec inquiétude cette opinion d'un ancien.

Elle a, comme il se doit, recherché quelle était, en la matière, l'opinion des défenseurs les plus vénérables, les plus obstinés, les plus indiscutés du principe d'autorité. L'Eglise catholique, spécifiquement une, puisque universelle, a toujours condamné solennellement par la voix de ses Pontifes toutes les doctrines, toutes les formations sociales qui lui paraissaient susceptibles de porter atteinte à ce principe. Or, voici que Pie XI nous dit : «Nous songeons également à ces organisations professionnelles d'Ouvriers, d'Agriculteurs, d'Ingénieurs, de Médecins, de Patrons, d'Etudiants et autres organisations similaires d'hommes et de femmes, vivant dans les mêmes conditions culturelles et que la nature a elle-même groupés. Ce sont justement ces groupes et ces organisations qui sont destinés à introduire dans la Société l'Ordre que nous avons eu en vue dans notre encyclique.» [...]

Les Ingénieurs des Mines de France, sûrs de ne pas «troubler délibérément l'exercice de l'autorité», sont unanimes à regretter les paroles prononcées à Douai.

Ils se refusent à rechercher publiquement les causes du fléchissement de principe d'autorité, mais ils savent que l'autorité est une, que la décision est supérieure à la préparation et à l'exécution et que les accords contractuels intervenus entre les organisations patronales et ouvrières ont, sur des questions importantes, associé l'ouvrier à la décision.

Ils rappellent respectueusement à M. Champy que Louis XIV ne brisa pas les corps dont le faisceau formait l'ancienne France; qu'il sut les discipliner dans l'intérêt général, en les associant, par le Gouvernement à Grand Conseil, à l'exercice d'une autorité aussi une que sa personne, mais que Louis XVI les brisa.

Nord industriel, 19 juin 1937

La difficile reprise en main de l'après-guerre

En 1945, le commissaire de la République Francis Closon décrit la crise sociale que traversent les mines du Nord-Pas-de-Calais, où les ingénieurs, pourtant intéressés par la nationalisation qui ouvre des perspectives de modernisation technique, sont débordés par l'hostilité ouvrière.

Le système de commandement des compagnies minières, s'il était déjà difficilement tolérable avant les hostilités, est devenu insupportable pendant l'Occupation. Les Ingénieurs, aigris, déformés socialement, les porions brutaux, ont employé, pour exécuter les ordres de production, des procédés qui les ont rendus odieux à la masse des travailleurs.[...]
Sans doute, les Ingénieurs et les porions, les ouvriers savent bien que le Chef n'est plus le même, que le Directeur général ne représente plus un lointain Conseil d'administration mais l'Etat, c'est-à-dire la collectivité, mais il serait vain de penser que des hommes formés pendant des années par l'ancien système de commandement seraient transformés par un simple changement juridique dans la direction, qu'une ordonnance du Gouvernement provisoire changerait les caractères, modifierait brusquement des réflexes vieux d'un siècle.

La méfiance des cadres à l'égard des ouvriers persiste presque entière. La méfiance que nourrissent les ouvriers à l'égard des Houillères nationales est presque inchangée. L'employeur demeure l'employeur.

Francis Closon « Le Problème social des mines du Nord et du Pas-de-Calais», mai 1945, *Revue du Nord*, 1975

Francis Closon en appelle à une véritable formation sociale de l'ingénieur. Au même moment, conscient du problème, le sous-secrétaire d'Etat communiste à la Production industrielle, Auguste Lecœur, exhorte l'encadrement des mines et les mineurs à collaborer pour gagner la bataille de la production.

Les compagnies houillères ont disparu, mais elles ont laissé leurs appareils, techniciens et agents de maîtrise. […]

Il n'est pas niable que l'on trouve à tous les échelons de l'effectif minier certains qui regrettent le passé, et la toute-puissance des féroces magnats des houillères ne peut s'accommoder au développement de la personnalité et à la marche vers le progrès.

Mais une très forte majorité d'ingénieurs, la quasi-totalité des porions et chefs-porions sont dévoués corps et âmes à l'expérience et veulent que triomphent les principes de la liberté pour que vive la France. […]

Le rôle de la maîtrise est de faire exécuter par le personnel ouvrier le programme des chantiers préalablement établi.

Actuellement, il faut aller très vite dans la formation des comités mixtes à la production où l'ingénieur, porions et ouvriers établissent le plan de production.

Allocution de A. Lecœur le 10 février 1946, à Douai, devant les agents de maîtrise du fond des mines du Nord et du Pas-de-Calais

Lorsque l'ingénieur se solidarise avec l'ouvrier

Beaucoup d'ingénieurs avaient le sentiment d'accomplir un devoir civique en développant la production. L'annonce du plan de récession charbonnière les plonge dans le désarroi et les fait basculer pour la première fois du côté ouvrier lors d'une véritable «nuit du 4 août» pendant la grève de 1963.

Les ingénieurs tiennent à manifester leur solidarité avec les ouvriers et les employés engagés dans la défense de la profession. Ils décident qu'ils ne feront pas pression sur le personnel malgré la réquisition et ne participeront pas de leur propre chef à des prises de sanctions. [...]

Malgré les avertissements prodigués par les syndicats durant les dernières années, aucune politique cohérente et nationale de l'énergie n'a été élaborée par les autorités responsables. Cette absence de planification a provoqué une concurrence anarchique entre les différentes sources d'énergie.

Les ingénieurs estiment anormal que l'entreprise se trouve dans l'impossibilité de rémunérer correctement son personnel dont les salaires délibérément freinés accusent maintenant un retard d'environ 10% par rapport aux salaires de l'industrie depuis 1958. Ils affirment qu'il est profondément injuste que les mineurs soient frustrés de leur part dans l'augmentation du revenu national alors que l'on se plaît à reconnaître leurs performances dans des conditions de travail particulièrement pénibles. [...]

Les ingénieurs proclament le bien-fondé du mouvement en cours. Ils demandent aux pouvoirs publics de régler dans les plus brefs délais en accord avec les organisations syndicales les problèmes d'une juste rémunération du personnel; les problèmes posés par une politique cohérente de l'énergie; les problèmes posés par le statut juridique actuel des Charbonnages de France qui enferme l'entreprise dans des contradictions inextricables.

Motion du syndicat des ingénieurs du Nord-Pas-de-Calais, le 3 mars 1963

Privés du pouvoir de décision, les ingénieurs perdent aussi dans les années 1970 leur autonomie et beaucoup de leur pouvoir d'organisation. Certains en ressentent une grande frustration. La critique radicale que fait cet ingénieur des mines du Gard montre le chemin parcouru en une trentaine d'années.

J'avais dans mon service cinquante personnes que j'avais formées sur place et qui travaillaient très bien. C'était un service qui ne coûtait pratiquement rien à la Houillère et qui lui rapportait beaucoup d'argent, et surtout beaucoup de notoriété, mais enfin... Alors on m'a dit : « Vous vous occuperez de démarrer les exploitations à ciel ouvert.» C'était au mois de mai 1974, ça, il y aura dix ans l'année prochaine. Et puis , quand ça a bien marché, au bout de plusieurs années, on a mis quelqu'un à ma place et on m'a dit : «Maintenant, allez vous occuper des exploitations du jour»; et, récemment, il y a six mois, on m'a dit : «Maintenant le service est supprimé, il y a une compression d'organigramme, vous allez vous occuper des sondages.» C'est-à-dire qu'on m'a fait payer tout le combat que j'avais mené pendant quinze ans pour préserver la baraque, quoi ! En fait de changement, la technocratie parisienne est restée strictement la même. Voilà, rapidement résumée, une carrière de trente-trois ans dans les Charbonnages. Alors maintenant disons que ma carrière est brisée, j'ai encore cinq ans et demi à faire; c'est très dur mais enfin, le Cévenol a un tempérament qui fait qu'il en a encaissé beaucoup d'autres. Dans les Houillères le principe hiérarchique est très fort. Ceux qui prennent des décisions n'aiment pas qu'on leur réplique; j'ai fait l'objet de multiples pressions, rien que par le fait que je ne voulais pas laisser casser. Pendant la grève, parmi les cadres et les ingénieurs, dans leur for intérieur les gens étaient pour la poursuite de l'exploitation, mais ils avaient peur de désavouer la direction et d'en supporter les conséquences.

F. Gardès-Madray et J. Brès,
Parole ouvrière autour de Ladrecht,
Messidor, 1986

La mine au musée

Véritable conservatoire de la mémoire de la mine dans la région Nord-Pas-de-Calais, le Centre historique minier de Lewarde est également le plus important musée de la mine en France. Situé à proximité de Douai, au cœur du bassin minier, le centre s'est installé sur le carreau de la fosse Delloye où, de 1930 à 1971, travaillèrent un millier de personnes.

Le carreau de la fosse Delloye

Créé en 1982 à l'initiative des collectivités territoriales, de l'Etat et des Houillères du bassin du Nord et du Pas-de-Calais, le Centre historique minier a ouvert ses portes au public en 1984. Son évolution permanente a permis d'en augmenter régulièrement la fréquentation (plus de 125 000 visiteurs en 1992). Il comporte deux ensembles : un musée qui regroupe une collection de plus de 10 000 objets et un centre de culture scientifique et technique de la mine et de l'énergie.

Le musée

La visite proposée (trois heures) comprend un circuit minier et une découverte du monde de la mine en sept expositions thématiques.

Le circuit minier s'effectue sous la conduite de l'un des trente guides, tous anciens mineurs. Après être passé par les différents bureaux reconstitués qui composent l'administration du siège (bureau du directeur, bureau du comptable, salle des géomètres), le visiteur découvre la «salle des pendus» et la lampisterie. Ensuite, le train du personnel l'emmène au pied du puits n° 2. Une descente simulée à 480 mètres de profondeur lui permet alors d'accéder aux 450 mètres de galeries où, dans les dix chantiers du fond reconstitués avec des matériels authentiques, une animation audio-visuelle explique l'évolution des techniques d'extraction du charbon dans le bassin minier, des origines à nos jours. Le circuit s'achève par la visite de la machine d'extraction, du bâtiment de triage-criblage, du ventilateur et de l'écurie de la fosse.

La collection muséographique (machines, outils..., mais aussi objets de la vie quotidienne) est présentée soit en situation (dans les galeries) soit dans les sept expositions thématiques : «La

Quinzaine» restitue l'atmosphère fébrile d'un jour de paie dans un bureau comptable de la fosse en 1935; «Mine et mineurs» dévoile tous les aspects de la culture minière; «Le Temps des révoltes», dans une reconstitution d'estaminet en 1884, retrace la montée des revendications sociales des mineurs; «La Verrière» présente au public d'imposantes machines de l'ensemble du bassin minier. «Le Cheval et la mine», dans la reconstitution de l'écurie de la fosse Delloye et des cordées du puits n° 1, expose les conditions de vie et de travail du cheval dans la mine, «Petite Histoire du chauffage au charbon» s'articule autour d'une collection de calorifères, «Le Charbon, une aventure de 345 millions d'années» plonge le visiteur au cœur de la préhistoire, à l'époque de la formation du charbon.

Par ailleurs, plusieurs expositions temporaires et manifestations (Salon de la mine, Fête de la musique, cycles de conférences...) sont organisés chaque année.

Le Centre de culture scientifique et technique de la Mine et de l'Energie

Le Centre propose aux chercheurs (universitaires, étudiants, mais aussi écrivains, scénaristes, producteurs...) 2 000 mètres linéaires d'archives des anciennes compagnies minières et des houillères, une bibliothèque de plus de 5 000 ouvrages, une cinémathèque d'environ 1 000 films et une photothèque de 30 000 diapositives et négatifs.

Le Centre a notamment apporté son concours au réalisateur Claude Berri pour la préparation du tournage de *Germinal.*

Centre historique minier
Fosse Delloye 59287 Lewarde
Tel : 27-98-03-89

FILMOGRAPHIE

Germinal, le roman de Zola, a fait l'objet de trois adaptations cinématographiques :

- Albert Capellani, *Germinal (*1913).
Capellani avait porté à l'écran *L'Assommoir* en 1910.
- Yves Allégret, *Germinal* (1962).
Avec Bernard Blier et Claude Brasseur.
- Claude Berri, *Germinal* (1993).
Avec Renaud, Gérard Depardieu, Miou-Miou.

G. W. Pabst, dans *La Tragédie de la mine* (1931), reprend l'histoire de la catastrophe de Courrières. Le rôle des sauveteurs allemands, qui avait eu un grand retentissement à l'époque, est mis en évidence.

Louis Daquin, dans *Le Point du jour* (1950), évoque la vie quotidienne des mineurs du Pas-de-Calais, telle que la découvre peu à peu un jeune ingénieur.

Loleh Bellon et Michel Piccoli dans *Le Point du jour* de Louis Daquin.

La *Tragédie de la mine* (à gauche) de G. W. Pabst, et *Germinal* de Claude Berri (ci-dessus).

GLOSSAIRE

Abattage : opération consistant à détacher un bloc de charbon de la veine.

Accrochage : niveau où les cages s'arrêtent pour recevoir les berlines.

Aérage : système de renouvellement d'air des galeries.

Barrette : casque plat en cuir bouilli. Les nouvelles sont en plastique avec une attache pour la lampe.

Berline : wagonnet, sur rails, tiré par un cheval ou poussé par les herscheurs.
Les diesels de 20 chevaux tirent des trains de 60 berlines de 600 litres pleines (300 à 400 tonnes).

Boutefeu : spécialiste tireur de mines. (Boute le feu).

Bowette ou travers-banc : galerie de roulage.

Briquet : casse-croûte du mineur.

Cage : composée de montants et de plateaux sur lesquels prennent place le personnel ou des berlines, la cage est suspendue au câble d'extraction afin de circuler dans le puits.

Carreau : ensemble des installations situées en surface.

Charriot, berline : wagonnet circulant au fond pour transporter charbon ou rocher.

Chevalement : structure placée au-dessus du puits et supportant les molettes.

Coke : combustible utilisé en sidérurgie, obtenu par distillation de la houille.

Convoyeur, couloir oscillant : engins de desserte servant à l'évacuation des produits.

Coupe : quantité de berlines remontées à la fin du poste ou à une autre heure déterminée (à briquet, par exemple).

Criblage : classement des différents produits suivant leur granulométrie. Le lieu où s'effectue cette opération.

Cuvelage : soutènement en bois (pièces en chêne, jointives fortement serrées), pour éviter les fuites d'eau d'un puits. Les derniers puits étaient cuvelés en pièces de fonte boulonnées avec des joints en plomb.

Exhaure : pompage des eaux pénétrant dans les travaux.

Foudroyage : opération consistant à laisser s'affaisser les matériaux du toit, lors de l'enlèvement du soutènement.

Grisou : gaz (méthane) contenu dans certaines couches de houille et se dégageant lors de l'abattage. Avec l'air, il forme un mélange détonnant qui explose au contact d'une flamme ou d'une étincelle.

Haveur : ouvrier mineur chargé de conduire la haveuse (machine avec chaîne à pics), pour provoquer l'abattage.

Herscheur : ouvrier chargé de l'évacuation du charbon.

Molette : poulie de grand diamètre placée au sommet du chevalement sur laquelle passe le câble d'extraction.

Moulinage : à la surface, où l'on décharge les berlines pleines et l'on encage les berlines vides.

Plan incliné ou plan : galerie en pente assez forte entre deux niveaux.

Porion : contremaître au fond.

Raccomodeur : ouvrier chargé de l'entretien, notamment du boisage.

Recette : intersection du puits avec une galerie. Au jour, orifice du puits (moulinage).

Rouleur : ouvrier qui poussait les berlines.

Roulage : ensemble des installations ferroviaires à voie étroite utilisées pour les transports au fond et complémentairement au jour.

Puits de retour d'air : puits équipé d'un ventilateur d'aérage aspirant l'air vicié des chantiers souterrains.

Taille : chantier où est abattu le charbon.

Terril : colline de milliers de tonnes de déchets d'extraction.

Triage : Au jour. Séparation entre charbon et rocher. Le lieu où s'effectue cette opération.

BIBLIOGRAPHIE

La liste qui suit ne prétend pas à l'exhaustivité. Elle est sélective et subjective.

Ouvrages de référence :

• Collectif, *Charbon et sciences humaines*, actes du colloque de Lille, Mouton, 1963.

• Philippe Ariès, «Au pays noir. La population minière du Pas-de-Calais», in *Histoire des populations françaises*, Le Seuil, 1971.

• Claude Dubar, Gérard Gayot, Jacques Hedoux, «sociabilité minière et changement social à Sallaumines et Noyelles-sous-Lens, 1900-1980», in *Revue du Nord*, avril-juin 1982.

• Etienne Dejonghe, «Les Houillères à l'épreuve, 1944-1947», *in* colloque «La Libération dans le Nord-Pas-de-Calais, 1944-1947», in *Revue du Nord* octobre-décembre 1975.

• Etienne Dejonghe «Problèmes sociaux dans les houillères du Nord-Pas-de-Calais pendant la Seconde Guerre mondiale», in *Revue d'histoire moderne et contemporaine*, 1971.

• Etienne Dejonghe, «Les Ingénieurs des houillères du Nord-Pas-de-Calais de la Belle Epoque à nos jours», in «L'Ingénieur dans la société française», in *Le Mouvement social*, 1985.

• Marcel Gillet, *Les Charbonnages du nord de la France au XIXe siècle*, Mouton, 1973.

• Léon Griveau, *Un exemple de concentration industrielle au XIXe siècle : Le Creusot Montceau-les-Mines, 1835-1914*, Ecomusée de la communauté Le Creusot-Montceau, 1977.

• Philippe Guignet, *Mines, manufactures et ouvriers du Valenciennois au XVIIIe siècle*, Arno Press, New York, 1977.

• Odette Hardy, *De la croissance à la désindustrialisation. Un siècle dans le Valenciennois*, FNSP, 1984.

• R. Janniaud, *Le Visage de la mine à travers les grandes périodes d'exploitation du bassin de Blanzy*, Ecomusée de la communauté Le Creusot-Montceau, 1979.

• A. Lebon, *La Vie quotidienne du mineur en 1900*, Condé-sur-Escaut, 1976.

• Bruno Mattei, *Rebelle, rebelle*, Champ Vallon, 1986.

• Bernard Plessy et Louis Challet, *La Vie quotidienne des mineurs au temps de Germinal*, Hachette, 1984.

• Janine Ponty, *Polonais méconnus*, Publications de la Sorbonne, 1988.

• Marcel Rouff, *Les Mines de charbon en France au XVIIIe siècle* (1744-1791), 1922.

• Louis Simonin, *La Vie souterraine*, 1867, réédition, Champ Vallon, 1982.

• Rolande Trempé *Les Mineurs de Carmaux, 1848-1914*, Editions sociales, 1971.

• Rolande Trempé, *Les Trois Batailles du charbon, 1936-1947*, La Découverte, 1989.

Littérature et témoignages :

• Auguste Copin, *L'aurore se lève au pays noir*, Editions Sociales, 1966.

• Piere Hamp, *Enquêtes, Gueules noires*, Gallimard, 1938.

• Jean Dauby, *Tout Cafougnette*, Condé-sur-Escaut, 1974 (anthologie du poète Jules Mousseron).

• Ida-Marie Frandon, *Autour de «Germinal» : la mine et les mineurs*, Genève, Droz, 1954.

• Ida-Marie Frandon, «Mine et littérature : les écrivains de la mine, mineurs écrivains», *in* la revue *Nord*, n°4, décembre 1984.

• Louis Lengrand, Maria Craipeau, *Louis Lengrand, mineur du Nord*, Le Seuil, 1974

• Hélène Parmelin, *Léonard dans l'autre monde*, Julliard, 1957.

• André Stil, *Le Mot «mineur», camarades*, La Bibliothèque française, 1949.

• Augustin Viseux, *Mineur de fond*, Terre humaine, Plon, 1991.

• Emile Zola, *Germinal*, 1885.

TABLE DES ILLUSTRATIONS

CHAPITRE III

CHAPITRE IV

CHAPITRE V

TÉMOIGNAGE ET DOCUMENTS

INDEX

CRÉDITS PHOTOGRAPHIQUES

Association hospitalière Nord-Artois, Hénin-Beaumont couverture 1er plat. Georges Azenstabck, Paris 103. Alain Béraud, Saint-Etienne 28-29h. Bibliothèque nationale, Paris 19. Centre historique minier, Lewarde 12, 14, 14-15, 16, 24h, 25, 26, 27, 28-29b, 31b, 33, 34, 35h, 36, 37, 38-39, 39, 40h, 41h, 42, 44, 45, 46h, 47, 49, 50-51, 57, 58h, 62, 63, 66, 67, 68, 70, 71, 72, 73g, 74-75, 81, 82, 83, 84, 85, 86, 87, 92, 100-101, 108, 109, 117, 119b, 120h, 120b, 121, 123h, 123b, 124-125, 126h, 126b, 127h, 129, 132, 133. Charbonnages de France, Rueil-Malmaison couverture 2e plat. Charmet, Paris 20-21, 22-23, 59, 69. Dagli-Orti, Paris 30-31. Deutsches Historisches Museum, Berlin 60. DR 18, 61h, 74, 75, 79, 80-81, 88, 89, 95, 96, 113, 122h, 122b, 127b. Ecomusée, Le Creusot-Montceau-les-Mines 12, 35b, 52. Richard Frieman, Paris 104. Giraudon, Paris 11. © IGN, Paris, 1993 (autorisation n° 90-30-70) 77g. Imagine, Lille 1, 2-3, 4, 5, 6-7, 8, 9, 114. Kharbine/Tapabor, Paris 64, 65h, 76, 99, 134. Christophe L., Paris 135b. Magnum/ David Seymour, Paris 78. Musée de l'Art wallon, Liège 16-17. Musée des Beaux-Arts, Arras 32, 40-41, 46b, 53, 98, 106. Musée municipal, Denain 110. Musée national des techniques, Paris 18-19. Rapho, Paris 94. Rapho/Dieuzaide 105. *Le Républicain lorrain*, Metz 92-93. Royal Academy of Art Library, Londres 65b. Roger-Viollet, Paris 73d, 77d, 107, 118, 119h. Spadem, Paris 90, 91, 92h, 92b. Sygma/Benoît Barbier, Paris 135b. Claude Thériez, Moullé 43, 48, 55, 56, 58b.

REMERCIEMENTS

Les Editons Gallimard remercient : Madeleine Rébérioux, historienne; Louis Monneron, de la Fédération nationale des travailleurs du sous-sol C.G.T.; l'Ecomusée du Creusot; les Editions du Seuil, Plon, Scandéditions; Jacques Jonas; Patrick Trouche; Caroline de Lamberti; Annick Notter, conservateur au musée des Beaux-Arts d'Arras.
L'éditeur tient à remercier tout particulièrement Annie Kuhnmunch, archiviste du Centre historique minier de Lewarde, pour sa compétence et sa disponibilité.

COLLABORATEURS EXTÉRIEURS

Maquette du corpus : Dominique Dubois, Catherine Letroquier, Didier Pujos.
Recherche iconographique : Maud Fischer-Osostowicz.
Cartographie (page 24) : Patrick Mérienne.

Table des matières